Presentado a:

....

Por:

....

Fecha:

....

REINA-VALERA
1960

DEVOCIONALES
sobre la
Oración

ORIGEN

Primera edición: mayo de 2026

Publicado por ORIGEN®, marca registrada de
Penguin Random House Grupo Editorial USA, LLC
8950 SW 74th Court, Suite 2010
Miami, FL 33156

Impreso en Colombia / *Printed in Colombia*

Información de catalogación de publicaciones disponible
en la Biblioteca del Congreso de los Estados Unidos

ISBN: 979-8-89098-540-8

Introducción

La Biblia Reina-Valera se erige como una de las versiones más empleadas por los protestantes de habla hispana. Su actual forma es el resultado de un exhaustivo proceso de revisiones llevado a cabo por las Sociedades Bíblicas Unidas sobre la Biblia del Oso de 1569, obra de Casiodoro de Reina, una de las primeras traducciones al español. Casiodoro de Reina, un monje español que abrazó el protestantismo, fundamentó su traducción en el Texto Masorético para el Antiguo Testamento y en el *Textus Receptus* para el Nuevo Testamento. Posteriormente, tras la primera revisión realizada por Cipriano de Valera en 1602, esta obra pasó a ser conocida como la Biblia Reina-Valera.

La Reina-Valera experimentó una notable difusión durante la Reforma protestante del siglo XVI, consolidándose como la única versión de la Biblia utilizada en la iglesia protestante de lengua castellana durante más de cuatro siglos. Hoy en día, con varias revisiones a través de los años (1862, 1909, 1960, 1995, 2009, 2011, 2015), sigue siendo una de las traducciones más usadas.

Este devocional sobre la oración va dirigido a mujeres y ha sido escrito por dos mujeres: Margie Hord y Keila Ochoa Harris.

Ambas honran la tradición de la Biblia Reina-Valera basándose en los versículos que aman y siguen.

La oración de los editores es que, mientras medites en estos pasajes tan amados de las Escrituras y las verdades que contienen, el Dios de esperanza te llene de todo gozo y paz en la fe (Romanos 15:13).

1

Ser como niños

... por lo cual clamamos: ¡Abba, Padre!
Romanos 8:15

Supongo que todos hicimos rabietas al crecer. Muchas veces no fueron justificadas, pero en otras ocasiones solo necesitábamos atención o ayuda urgente. Qué reconfortante resultaban los brazos de mamá o papá para escuchar nuestras peticiones, concederlas o negarlas. Sin embargo, la clave estaba en la paz que surgía en sabernos atendidos.

Cuando Jesús estuvo en la tierra, en una de las pocas ocasiones en que reprendió a sus discípulos, lo hizo porque ellos impedían a los niños acercarse a Él. ¿Llegaron esos pequeños con demandas, acusaciones y necesidades? Seguramente no organizaron ni ensayaron un discurso antes de su encuentro con Jesús, sino que desbordaron lo que sus corazones cargaban.

De eso trata la oración. Podemos venir como niños berrinchudos, heridos o preocupados, trepar a las rodillas del Padre y clamar. Él, como hizo en el pasado, no lo impedirá, pues su invitación sigue siendo: «Ven». Que a través de las lecturas de este libro aprendamos más sobre la oración, sin olvidar que, seamos o no expertos en el tema, Él nunca nos echará fuera.

Gracias, Señor, porque eres un buen Padre que escucha la oración.

Podemos venir a Dios como un niño con su padre.

2

Todos podemos

... porque por medio de él... tenemos entrada por un mismo Espíritu al Padre.

Efesios 2:18

«Tú que estás cerca de Dios, ora por mí». «A ti sí te escucha Dios; toma en cuenta mi petición». «Yo no sé rezar; hazlo por mí». Quizá hemos oído este tipo de peticiones de parte de conocidos. Ellos reconocen que hay algo especial en nuestra relación con el Señor y piden que intercedamos por ellos.

En tiempos bíblicos, el sumo sacerdote mediaba por el pueblo; solo él podía acceder a la poderosa presencia de Dios en el Lugar Santísimo, pero ¡una sola vez al año! Con la muerte de Jesús por nosotros, se rasgó la pesada cortina que protegía la entrada al Lugar Santísimo, representando el hecho de que ahora todos tenemos acceso sin límite al que nos recibe libremente.

Por medio de Cristo «tenemos entrada por un mismo Espíritu al Padre» (Efesios 2:18). Ya no hay distinción; no hay «más espirituales» o «más cercanos a Dios». Tenemos el mismo derecho. Compartamos con nuestros amigos la hermosa verdad de que solo necesitan entrar en una relación personal con Jesucristo para ser hijos del Padre, quien abre sus brazos y escucha nuestras oraciones.

Gracias, Señor, porque podemos acercarnos a Ti.

Todos los hijos tenemos entrada al Padre.

3

Acceso restringido

... en quien tenemos seguridad y acceso con confianza...
Efesios 3:12

Imagina un palacio con cámaras de seguridad y agentes en cada rincón. Una persona entra con capucha y, sin importar cuántos intentan detenerla, avanza confiada por los lugares correctos y en los últimos metros corre hasta plantarse frente al monarca. Cuando entran los policías, la persona se quita la capucha y se descubre su identidad: ¡es su hijo!

Cuando creemos en Jesús podemos tener el atrevimiento de acercarnos con valentía, coraje y confianza ante el Rey. Pero notemos un detalle que marca Efesios: es por Jesús que lo logramos. Él es quien, por así decirlo, nos da las credenciales correctas y evita que nos echen del palacio.

Tenemos a Jesús quien nos escolta, nos dirige y nos muestra el camino. Y ya que Jesús es quien nos lleva al Padre, el Todopoderoso nos atiende con amor. ¿Oramos con el respeto que se debe al Soberano del universo? ¿Y acudimos con la libertad y la confianza de un hijo que cuenta con derechos y un lazo especial con su padre?

Gracias, Señor Jesús, porque por medio de ti puedo acceder al Rey de reyes.

Tenemos acceso directo al Soberano del universo.

4

Con sinceridad

... acerquémonos con corazón sincero,
en plena certidumbre de fe...
Hebreos 10:22

Antes de casarnos, mi esposo vio un programa de televisión donde aparecía una niña de nombre Alethia, que había sido testigo de un crimen. El juez le rogó que hiciera honor a su nombre, que significa «amante de la verdad». Desde aquel momento, mi esposo quiso nombrar algún día a su hija así, y gracias a Dios se logró ese deseo.

La palabra griega traducida en este pasaje como «sincero», o en algunas versiones «verdadero», está derivada de esa misma palabra. Aquí la Biblia nos exhorta a acercarnos a Dios «con corazón sincero» (Hebreos 10:22). Con Dios, las apariencias no tienen valor real. Él ve lo que realmente pensamos y sentimos. Sobre todo, ve la fe que tenemos de que Él contestará nuestra oración.

Cuando oremos, quitemos las poses, la vanidad y cualquier falsa espiritualidad. Seamos honestos, abiertos y sinceros. No tengamos miedo de decirle a Dios nuestros temores y dudas. Él nos conoce y entiende, aún más de lo que un padre humano conoce a sus hijos.

Ayúdame a ser totalmente sincero contigo, Señor.

Dios desea la honestidad en nuestras palabras y oraciones.

5

Sin levantar cabeza

... si se humillare mi pueblo... y oraren...
yo oiré desde los cielos.
2 Crónicas 7:14

La pequeña niña sabía que había hecho algo terrible: desobedeció expresamente una orden de su mamá sobre no tocar sus aparatos y, cuando la tableta se cayó del escritorio, la pantalla se quebró. El ruido trajo a su mamá a la puerta. La niña, sin alzar los ojos, confesó su travesura. «Mírame, hijita», le pidió su mamá varias veces mientras la niña relataba la historia. Cuando ella finalmente lo hizo, se topó con el rostro serio de su madre y unos ojos llenos de amor.

La palabra que se usa en este versículo para «humillar» es la misma que encontramos en la historia de Jueces cuando Gedeón venció a Madián y fue subyugado de manera que «nunca más volvió a levantar cabeza» (Jueces 8:28).

Cuando reconocemos la seriedad de nuestro pecado, solo podemos humillarnos, pero esta es una actitud que Dios aprecia y seguramente oirá nuestras súplicas. No olvidemos venir con la cabeza gacha, y luego alcemos la vista y veamos los ojos compasivos de Jesús, unos ojos que nos perdonarán una vez más.

Padre, gracias porque nos perdonas vez tras vez.

La humildad es un ingrediente de la oración.

6

MÁS GRANDE QUE LAS MONTAÑAS

Por tanto, os digo que todo lo que pidiereis orando, creed que lo recibiréis, y os vendrá.
MARCOS 11:24

Se cuenta que una maestra de Escuela Dominical enseñó a sus alumnos que la fe mueve montañas. Los chicos se emocionaron, ya que un cerro les obstaculizaba la vista del mar. Le pidieron a Dios que quitara ese cerro. Su maestra estaba preocupada de que fuera una petición exagerada. Pronto apareció maquinaria excavadora, pues se iba a iniciar una construcción. ¡Ya se podría ver el mar!

La enseñanza de Jesús en Marcos 11:24 ocurre después de que maldijera la higuera sin fruto. Los discípulos se asombraron cuando pasaron de nuevo y el árbol se había secado. Las palabras posteriores de Jesús eran algo así: «¿Se asombran de que esto haya pasado? Puedo hacer cosas mucho mayores, ¡como mover montañas!».

Con frecuencia el objeto de nuestras súplicas parece una montaña que nos pesa y nos abruma. Sentimos que es imposible que cambie esa persona, que se pague esa deuda, que se resuelva nuestro problema. Se hace gigante en nuestra mente. Recordemos: ¡nuestro Dios es más grande que las montañas! Creamos que Él nos contestará.

Padre, creo en Ti para que se quite esta montaña.

Al pedir algo a Dios, cree que lo recibirás.

7

Diligencia para orar

… y es diligente en súplicas y oraciones noche y día.
1 Timoteo 5:5

Supongo que se casó con ilusiones, pero después de tan solo siete años, su esposo murió. ¿Tuvo hijos? Quizá. Sin embargo, una viuda, en esos tiempos, no la pasaba bien. ¿Qué hizo? ¿Llorar y quejarse? ¿Amargarse? ¿Salir a trabajar? Decidió adorar a Dios, día y noche, con ayunos y oraciones.

Entonces, a la edad de ochenta y cuatro años, recibió un regalo: sus oraciones fueron contestadas. Llegó al templo como de costumbre, y vio a Simeón, un hombre anciano, justo y devoto, con un bebé en brazos y le oyó decir que ese niño traería salvación y luz a las naciones. Ana dio gracias a Dios y compartió la noticia.

Ana no solo nos enseña la importancia de la diligencia, también su recompensa. Ser diligente es como invertir; no vemos resultados inmediatos, pero a su tiempo llegan los rendimientos. Y cualquier cosa que vale la pena, como la oración, merece diligencia. Imitemos a Ana, esta viuda que nos enseña a orar con la seguridad de que, tarde o temprano, recibiremos más de lo que esperamos.

Señor, ayúdame a ser diligente en mis oraciones.

Usa toda tu energía para orar.

8

La perseverancia en la oración

Perseverad en la oración, velando en ella con acción de gracias.
Colosenses 4:2

Una amiga se levanta diariamente para orar de las tres hasta las seis de la madrugada. Admiro su constancia, pues literalmente, «velar» significa «hacer centinela o guardia por la noche». Pero en este pasaje, Pablo se refiere más bien a ser constantes y dedicados a la oración, y así ponerle atención a esta disciplina espiritual.

En este mundo tan lleno de distracciones nos cuesta poner atención y perseverar, pero Dios nos motiva numerosas veces a orar de esta manera como en el pasaje de Colosenses. Mi amiga, por ejemplo, combina las tres ideas. Cada día se levanta y ora, y lo hace de noche, y también da gracias.

¿Cómo podemos perseverar? Una manera de hacerlo es al llevar una lista o un diario de oración donde escribamos las personas y los motivos por los que oraremos por ellas. No solo tendremos sus nombres presentes, sino que podemos añadir cuando las peticiones sean contestadas y agradecer la ayuda del Señor. ¿Y si lo hacemos muy temprano por la mañana? Quizá sea una buena idea.

Señor, ayúdame a ser constante al orar y no desistir.

La perseverancia dará resultados.

9

La importancia de la reverencia

... pero si alguno es temeroso de Dios... a ese oye.

Juan 9:31

Escrutopo, un diablo con más experiencia que Orugario según la imaginación de C. S. Lewis, aconseja que para desviar a los cristianos de orar se nos distraiga con imágenes falsas del Creador. Al fin y al cabo, no tenemos una percepción directa de Dios. No hemos experimentado el «brillo abrasador e hiriente» de su luminosidad.

Cuando oramos, seguramente tenemos elementos de lo que hemos visto en las iglesias o representaciones hechas por nuestras mentes de quién es Dios. Sin embargo, si realmente comprendiéramos la majestad, el poder y la perfección de nuestro Padre, ¿cómo cambiaría nuestra forma de orar? Seguramente nos acercaríamos con mayor reverencia, es decir, temor respetuoso. Y el temor a Dios es el principio de la sabiduría.

Escuchemos el consejo de Lewis a través de su obra de ficción *Cartas del diablo a su sobrino* y acerquémonos a Dios, no pensando en lo que creemos que es, sino en lo que Él dice que es. Cuando lo hagamos, veremos cosas maravillosas suceder.

Señor, quiero acercarme, no a la imagen que he creado de ti,
sino a Ti, el que me ha creado.

Oremos con profundo respeto.

10

Ora con gratitud

Siempre orando por vosotros, damos gracias a Dios, Padre de nuestro Señor Jesucristo.

Colosenses 1:3

Una niña que conozco tiene un corazón agradecido. Casi a diario se la escucha decir: «Gracias, Dios, por este nuevo día». «Gracias, mamá, por esta comida tan sabrosa». En sus oraciones da gracias por tener una cama y pide por los niños de la calle. En realidad, no es algo que le hayan enseñado a hacer expresamente, pero seguramente aprendió del ejemplo de sus padres.

El apóstol Pablo no se colocaba en un pedestal, esperando que otros lo adularan y dieran gracias por él. Al contrario, daba gracias a Dios por sus discípulos al orar por ellos, como lo hizo por los colosenses. Y no solo lo hacía de forma superficial y general, sino que especificó las razones por las cuales estaba agradecido al mencionar su fe y amor, y por el fruto del evangelio en sus vidas, que seguía creciendo.

Incluso los psicólogos recomiendan que uno haga un diario de la gratitud. ¡Cuánto más será de beneficio dirigir nuestro agradecimiento a la fuente de todo bien! Reconozcamos su presencia en cada detalle de nuestras vidas y seamos agradecidos.

Gracias, Padre, porque muestras tu amor a cada momento.

La gratitud nos cambia.

11

EL MAESTRO DE LA ORACIÓN

Señor, enséñanos a orar.
LUCAS 11:1

La palabra maestro viene del latín *magister* que significa «el que más sabe o está más experimentado en una actividad». ¿Te acercarías para aprender sobre programación con alguien que ni siquiera sabe encender una computadora o con alguien que sabe menos que tú? ¿Aprenderías inglés de alguien que no habla el idioma o pagarías para que te enseñe a conducir alguien que ha chocado más de cinco veces?

Ahora, si pudieras pedir a Dios que te enseñara algo, ¿qué elegirías? «Señor, enséñame a... ¿predicar o a controlar mi ira?». Lo cierto es que cuando los discípulos convivieron con Jesús le rogaron que les enseñara a orar. Probablemente vieron tal devoción, persistencia y dependencia del Maestro cuando estaba de rodillas que se dieron cuenta de algo obvio: no sabían mucho sobre el tema.

Aunque la oración es tan sencilla que un niño puede llevarla a cabo, en la práctica reconozcamos que no oramos lo suficiente ni la practicamos con regularidad. Por eso, acerquémonos al que destaca en la oración, al experto de expertos, y dejemos que nos guíe en nuestro tiempo de oración.

Señor, enséñame a orar, así como enseñaste a tus discípulos.

Se puede aprender a orar.

12

Dios escucha la oración

Oh Jehová, de mañana oirás mi voz.
Salmos 5:3

¿Cómo empiezas tu día? Algunos ven inmediatamente los mensajes en su celular. A otros les gusta tomar un café o salir a correr. Pero lo que verdaderamente nos enfoca es dar gracias a Dios por un nuevo día. Ya sea antes o después del ejercicio o el café, busquemos pasar tiempo con Él como lo hacía David.

En el Salmo 5, David se dirige al Señor temprano para presentarse delante de Él y esperar (v. 3). Va con la confianza de que Dios lo escucha y luego se compromete a esperar una respuesta, probablemente al meditar en la Palabra de Dios. Se trata de una comunicación mutua, un tipo de conversación.

Se ha dicho que la forma en que empezamos el día influye en el día entero. Si lo primero que hacemos es ver noticias negativas, las preocupaciones pueden llenar nuestra mente. Si la alabanza y la oración son lo que predomina, ¡cuán diferente será! Además, saber que Dios escucha nos hará caminar confiados. Como David, presentémonos de mañana ante el Rey y Dios del universo.

Señor, hazme recordar que siempre escuchas mis plegarias.

Empecemos nuestros días con oración.

13

HINÉNI

Y dirá él: Heme aquí.

ISAÍAS 58:9

El hombre se encontraba probablemente de rodillas, temblando ante la majestad que contemplaba: un trono esplendoroso, serafines voladores, cantos que sacudían los cimientos, el lugar lleno de humo. Después de que Dios purificó los labios de Isaías preguntó a quién enviaría por profeta. Isaías contestó: «*Hinéni*. Heme aquí».

Este vocablo hebreo significa: «Aquí estoy, listo y preparado para lo que me pidas». Cuando Dios llamó a Abraham para sacrificar a su hijo, cuando habló con Moisés en la zarza y cuando despertó al niño Samuel por la noche, todos respondieron *Hinéni*. Se encontraban presentes, con los pies plantados en el suelo, al servicio de su Dios.

Sin embargo, en el versículo de hoy quien dice *Hinéni* ¡es Dios mismo! Después de pedir al pueblo que se humille, Dios les dice: «Entonces invocarás, y te oirá Jehová. Y dirá él: Heme aquí» (Isaías 58:9). ¿No es maravilloso? Dios nos recuerda que está presente, listo, atento, preparado para escucharnos. ¡Qué humildad la de nuestro Hacedor! ¡Cuánto amor en una palabra! Cuando clamamos, Dios responde enseguida: «Aquí estoy».

Dios del universo, cuánto amor demuestras al decirme que estás presente, atento a mi súplica.

Cuando oras, Dios dice: «Aquí estoy».

14

Comunicación silenciosa

Mas tú, cuando ores...
ora a tu Padre que está en secreto...
Mateo 6:6

Las plantas son seres vivos, pero ¿pasivos? Resulta que, aunque no hablan, sí se intercomunican de una forma químicamente inducida. Se ha descubierto que envían mensajes por medio de sus raíces, señales eléctricas, una red de hongos subterráneos y microbios en la tierra. Cuando un insecto ataca una planta, emite una molécula que hace que otras plantas adopten medidas preventivas.

De hecho, la oración es en muchos casos una comunicación silenciosa que solo Dios escucha. Cuando Ana, la madre de Samuel, oraba en el templo para pedirle a Dios un hijo, «hablaba en su corazón, y solamente se movían sus labios, y su voz no se oía; y Elí la tuvo por ebria» (1 Samuel 1:13). Ella se defendió: «he derramado mi alma delante de Jehová» (v. 15).

Las demás personas no tienen que enterarse de lo que pedimos ni opinar sobre cómo lo hacemos. Nuestra única audiencia es Dios, quien conoce nuestro corazón, nuestros anhelos y nuestras angustias. Podemos acercarnos a Él «en secreto» y confiar que aun en ese silencio, nos escucha.

Escucha, Señor, lo que dice mi corazón.

Solo Dios escucha lo que pedimos en silencio.

15

Calidad o cantidad

Y orando, no uséis vanas repeticiones, como los gentiles, que piensan que por su palabrería serán oídos.

Mateo 6:7

Las oraciones de mis hijos pequeños me conmovían por su sinceridad. Luego crecieron y empecé a notar que repetían lo mismo, noche tras noche, usando frases que yo solía usar también. ¿Te ha pasado que puedes distinguir quién está orando por las palabras que usa?

El Señor Jesús nos advierte dos cosas. En primer lugar, nos insta a no usar repeticiones sin sentido, es decir, palabras que ya no pensamos, pues las decimos como las tablas de multiplicar, sin comprensión ni corazón. Segundo, nos advierte sobre la palabrería. Las muchas palabras no hacen que Dios nos oiga más. Las oraciones largas, sobre todo delante de otros, no nos hacen más espirituales.

Spurgeon dijo: «Algunas veces, las oraciones más cortas son las más sinceras». Analiza tus plegarias. ¿Surgen del corazón o repiten las mismas frases vez tras vez? ¿Crees que por decir más cosas Dios te escuchará más rápido o te dará puntos extra? Modelemos oraciones que expresan nuestros deseos sinceros delante del trono del Omnipotente.

Señor, ayúdame a evitar vanas repeticiones y palabrería.

Calidad, no cantidad; verdad, no longitud.

16

Dios nos conoce

... porque vuestro Padre sabe de qué cosas tenéis necesidad, antes que vosotros le pidáis.

Mateo 6:8

Una mujer de la tercera edad dedicaba horas a las flores de su extenso jardín, pero cada vez le costaba más cargar los costales de tierra y las herramientas. Decidió pedirle a Dios que en su cumpleaños le regalaran un carrito de golf para desplazarse con más facilidad. Apuntó esa petición en su diario de oración, pero no se la dijo a nadie más. Llegó el día, y ¡sus hijos juntaron recursos para comprarle un carrito!

Nuestro Padre sabe qué necesitamos y puede comunicarlo a otras personas. Cuando oremos, podemos confiar que Dios, como todo buen padre, nos conoce y está pendiente de lo que nos hace falta. Aun así, quiere que le expresemos nuestras peticiones y le da gusto contestarlas.

No digas: «Si Dios lo sabe todo, ¿para qué le pido?». Aunque sé que mis hijos necesitan cierta cosa, a veces espero que me lo expresen. Abre tu corazón delante de tu Padre y cuéntale las necesidades más profundas de tu corazón. Hoy, habla con Él, sabiendo que Él ya empezó a obrar.

Señor mío, Tú conoces mis necesidades y sé que contestarás.

Nuestro Padre nos conoce íntimamente.

17

Padre nuestro

Padre nuestro que estás en los cielos,
santificado sea tu nombre.
Mateo 6:9

Cuando viví en Medio Oriente aprendí que muchos de mis vecinos veían a su Dios distante, inaccesible y ajeno al día a día. Me pregunto si los discípulos se miraron con sorpresa cuando Jesús comenzó la oración modelo que les compartió, pues ningún otro profeta se había atrevido a dirigirse a Dios como Padre. Pero Jesús nos recuerda que, aunque está en los cielos, Él es un Dios cercano, accesible e interesado en nosotros, sus hijos.

En ese país islámico, también percibí la devoción y profundo respeto de mis vecinos por la grandeza de su Dios. Y nuevamente, Jesús nos recuerda al Dios santo y único del Antiguo Testamento que está en el trono, perfecto y sin mancha, y que merece que su nombre sea santificado.

Oremos en el perfecto balance de esta primera frase del Padre Nuestro. Que nuestras plegarias accedan al Padre amoroso que extiende los brazos para abrazarnos, pero que no olvidemos que este Padre es también el Rey de reyes y Señor de señores.

Padre nuestro, que todos reconozcamos que eres el verdadero Dios.

Oramos al Padre que es Santo y merece la honra.

18

Su voluntad

Venga tu reino. Hágase tu voluntad,
como en el cielo, así también en la tierra.
Mateo 6:10

En 1956, Jim Elliot y otros cuatro misioneros fallecieron a manos de los indígenas Waorani en Ecuador, después de intentos de alcanzarlos con el Evangelio. Desde soltero, Jim presentía que debía estar dispuesto a morir por su fe. Escribió en su diario: «Me sentí animado al pensar en una vida de piedad a la luz de una muerte temprana».

Jesús mismo sabía que parte del plan de su Padre era que muriera por nuestros pecados. Aun así, sabemos que sufría ante esta realidad y oró: «Padre, si quieres, pasa de mí esta copa; pero no se haga mi voluntad, sino la tuya» (Lucas 22:42). Sabía que la voluntad de Dios siempre es «agradable y perfecta» (Hebreos 12:2).

La mayoría de nosotros no estamos pensando en morir por la fe, pero hacer la voluntad del Señor sí implica morir al yo. Por difícil que suene al principio, nos debe dar satisfacción y tranquilidad el saber que su voluntad siempre es «agradable y perfecta».

Hágase tu voluntad en mi vida, Señor.

Dios quiere lo mejor para nosotros.

19

El pan

El pan nuestro de cada día, dánoslo hoy.
Mateo 6:11

Aunque las cifras pueden variar, se calcula que hay alrededor de setecientos millones de personas en enorme pobreza. De estos millones, la mitad son menores de dieciocho años. Supongo que para muchos de ellos esta oración es tan real como el alimento que nosotros vemos sobre la mesa tres veces al día.

Qué fácil es olvidar que todo lo que tenemos viene de Dios. Para muchos un pan en la mesa es un lujo y algo necesario para sobrevivir. Los que vivimos en más abundancia seguramente no lo vemos así. Si se nos ofreciera solo un pan al día, nos sentiríamos ofendidos e incluso enfadados.

Debo confesar que no todas las veces doy gracias por los alimentos. También debo aceptar que muchas de las plegarias alrededor de la mesa se vuelven repetitivas y sin sentido. Notemos con cuidado que la oración de Jesús nos invita a orar por el pan «nuestro». Así que no solo agradezcamos por lo que tenemos sobre nuestros platos, sino pidamos también por esos millones que tanto lo necesitan.

Señor, danos, a mí y a todos, el pan cotidiano.

Agradezcamos por el pan diario.

20

Un perdón ilógico

Y perdónanos nuestras deudas, como también nosotros perdonamos a nuestros deudores.

Mateo 6:12

En 2007, cinco turcos mataron, torturaron y asesinaron brutalmente a tres misioneros por sus actividades en una editorial cristiana. Uno de los tres fue el alemán Tilmann Geske. Días después, Susanne, la viuda de Tilman, fue entrevistada y perdonó públicamente a los homicidas, dejando atónita a la población de Turquía, de mayoría musulmana. ¿Cómo era posible?

Lo más asombroso de la fe cristiana es el amor sin condición de Dios, sobre todo como se muestra en el sacrificio de Jesucristo para perdonarnos, cualquiera que hayan sido nuestros pecados. «Dios muestra su amor para con nosotros, en que siendo aún pecadores, Cristo murió por nosotros» (Romanos 5:8).

No somos dignos ni nunca lo seremos. Al entregar nuestras vidas a Jesús por primera vez, ya experimentamos esa liberadora purificación de todo lo pasado. Pero aun si cometimos faltas hoy, nos perdona si lo confesamos y de nuevo podemos avanzar gozosos. Y ese mismo espíritu de libertad nos permite brindar perdón a los que nos ofenden o lastiman, aun cuando para otros sea algo inconcebible.

Padre, quiero perdonar como Tú perdonas.

El perdón «ilógico» de Dios transforma vidas.

21

Ranas que hierven

Mas líbranos del mal.
Mateo 6:13

Seguramente has escuchado el mito urbano de la rana que se pone en agua tibia, la que lentamente se calienta hasta que muere cocida. Por otro lado, el mito alega que, si pones una rana en agua hirviendo, saltará de ahí al instante. La realidad es que nadie entraría a una olla hirviente de forma voluntaria.

El Señor Jesús nos enseñó en su oración modelo a pedir: «Señor, rescátanos del mal y del maligno». El mal que aquí se menciona describe todo lo que se opone a lo bueno o aquello que corrompe y deteriora. El cazo hirviendo de la podredumbre de los enemigos de Dios amenaza con ahogarnos y destruirnos.

Por dicha razón, esta petición es tan pertinente. La realidad es que muchas cosas atentan a nuestra integridad día a día y necesitamos de la ayuda divina. De lo contrario, como los científicos nos explican, la rana que salta al agua hirviente muere de inmediato. Y la rana que empieza a sentir que la temperatura sube, busca salir por todos los medios. Seamos conscientes del peligro y pidamos ayuda.

Padre, protégeme del poder del maligno.

Oremos por la ayuda de Dios contra el mal.

22

Buenos regalos

Pues si vosotros... sabéis dar buenas dádivas a vuestros hijos, ¿cuánto más vuestro Padre?

Mateo 7:11

Nuestros padres nos dieron muchas «buenas dádivas», según sus posibilidades. Nos compraban ese juguete, ese libro o ese álbum que nos trajo alegría. En ocasiones nos obsequiaron alguna golosina especial. Nos llevaron al circo o a patinar. Aunque lo más importante no tuvo valor económico sino emocional al darnos cariño, consejos y comprensión.

Algunas personas tienen un concepto de Dios como un tirano que solo quiere castigarnos cuando hacemos lo malo. Jesús reveló su naturaleza real al ofrecer sanidad física, emocional y espiritual a todo aquel que se le acercara. Regaló amor sin condiciones. Más que cualquier padre terrenal, Jesús dio buenas cosas a quienes se acercaron en fe.

A veces pensamos que cierta cosa es tan trivial o personal que «molestamos» a Dios si lo pedimos. Es más fácil, o tal vez más noble, pedir por algo grande como la paz en el mundo que por provisión para la colegiatura mensual. Pero Jesús nos asegura que el Padre nos quiere dar buenos regalos, los pequeños y los grandes. Confiemos en sus palabras y pidámosle hoy lo que necesitamos.

Gracias porque deseas darme buenas dádivas.

Nada es demasiado pequeño como para pedirlo al Padre.

23

El ejemplo de Ruby

Orad por los que os ultrajan y os persiguen.
Mateo 5:44

Ruby Bridges tenía seis años cuando se enfrentó a un estrés que muchos de nosotros ni siquiera imaginamos. Como la primera niña de color en asistir a una escuela primaria para blancos, recibió gritos e insultos desde el momento en que descendía del auto hasta la puerta de entrada de la escuela.

Cuando el psiquiatra Robert Coles decidió estudiar su caso, le preguntó qué decía Ruby pues movía sus labios en el trayecto. «Hablo con Dios y oro por las personas», respondió. «¿Y por qué lo haces?», insistió el terapeuta. «Porque necesitan oración». El psiquiatra le recordó lo mal que esa gente se portaba con ella, a lo que respondió: «Siempre oro por lo mismo. "Señor, por favor perdónalos, porque no saben lo que hacen"».

Si una niña de primero de primaria puede hacerlo, seguramente nosotros también. Si nuestro Señor Jesús oró lo mismo en la cruz, debemos imitarlo. Seguramente nos costará mucho trabajo, pero pensemos en esa pequeña que decidió, simplemente, orar por otros y perdonar. Como ella dijo: «La oración fue mi protección».

Señor, dame fuerza para orar por los que me persiguen.

Ora por los que te maltratan.

24

En medio de la oscuridad

Si dos de vosotros se pusieren de acuerdo… les será hecho por mi Padre que está en los cielos.
Mateo 18:19

Todos en la pequeña iglesia se paralizaron cuando supieron que uno de sus líderes le había sido infiel a su cónyuge. Quizá la situación se habría solucionado fácilmente si alguno de los dos hubiera buscado el perdón, pero tanto él como ella prefirieron culpar al otro.

Después de largas sesiones y búsqueda de reconciliación, un grupo de creyentes se encontraba agotado física y emocionalmente, así que se pusieron a orar por esta pareja y acudieron a Dios pidiendo ayuda. ¿Qué debían hacer? ¿Darse por vencidos? ¿Dejarlos a su suerte? ¿Qué de los niños?

En el pasaje de Mateo, en el contexto de un caso similar, Jesús promete que escuchará las peticiones de intercesión de un grupo de creyentes. Dios escuchó a este grupo de creyentes y, aunque el milagro tardó tiempo, la familia se volvió a unir. ¡Qué gran promesa nos da el Padre en los momentos más duros de conflictos personales! Accedamos a ella en los momentos oscuros.

Señor, gracias porque podemos interceder por los demás.

El Señor está incluso en los momentos más duros.

25

El regalo de Senna

... ¿cuánto más vuestro Padre celestial dará el Espíritu Santo a los que se lo pidan?

Lucas 11:13

El padre de Ayrton Senna construyó su primer *go-kart*, un regalo que marcó el futuro de su hijo. Sin embargo, Ayrton Senna dijo tener otro Padre. En el documental que lleva su nombre, su hermana cuenta sobre el día en que murió. Dice que Senna leyó un pasaje de la Biblia aquella mañana de 1994 y supo que recibiría el regalo más grande de todos: a Dios mismo.

Cuando Jesús enseñó sobre la oración dijo que, si un hijo le pedía a su padre un pescado, el padre no le daría una serpiente. O si le pedía un huevo, no le daría un escorpión. Del mismo modo, si nosotros damos buenos regalos a nuestros hijos, ¡con mayor razón el Padre nos dará al Espíritu Santo!

Notemos que el énfasis está en el «cuánto más». Dios quiere darnos el regalo por excelencia. Sin embargo, no es fama, dinero o victorias, sino el Espíritu Santo: Dios mismo. Pidamos por lo mejor: el Espíritu Santo que nos garantiza que somos hijos de Dios.

Señor, gracias por el regalo más grande que me has dado: a Ti mismo.

Dios da el Espíritu Santo a quienes se lo piden.

26

Famoso

Y todo lo que pidiereis al Padre en mi nombre,
lo haré, para que el Padre sea glorificado en el Hijo.
Juan 14:13

¿Sabes lo que significa la palabra «glorificar»? El pastor y autor Rick Warren lo ha expresado de forma sencilla: glorificar a Dios es «hacerle famoso». Luego nos recuerda con mucho énfasis que este debe ser nuestro principal propósito en la vida: glorificar a Dios. Eso pasó con el pueblo israelita cuando sus vecinos escucharon la historia del Mar Rojo y temieron.

Cuando Jesús estuvo en la tierra también anheló glorificar a Dios en todo momento. De hecho, una de las reacciones naturales de aquellos a quienes Jesús sanaba era volver a sus casas cantando y glorificando a Dios, es decir, contando a todos las maravillas que Jesús hacía.

Cuando le pedimos a Él, Jesús dice: «Lo haré, para que el Padre sea glorificado en el Hijo» (Juan 14:13). Así que las respuestas a la oración nos hacen alabar a Dios y dan testimonio a otros de que Él es grande. Hazle famoso hoy al compartir las grandes cosas que hace Dios contigo.

Señor, te glorificaré al recibir tus respuestas.

Dios es «famoso» por contestar las oraciones.

27

Pámpanos

Si permanecéis en mí… pedid todo lo que queréis,
y os será hecho.
Juan 15:7

Los pámpanos no son ramas propiamente, sino los tallos jóvenes y verdes que se convierten en sarmientos. Surgen en la primavera y crecen hasta cinco centímetros al día. En el verano, estos brotes herbáceos se engruesan hasta formar una rama más leñosa que sostendrá los racimos de uvas.

Jesús dijo a sus discípulos antes de morir que Él era la vid y ellos los pámpanos; no las raíces, no las hojas, no los sarmientos, no los frutos. En otras palabras, Jesús los comparó con la parte de la vid que más necesita desarrollarse y que es tan crucial que, si se quiebra, se pone en riesgo toda la cosecha.

Por eso, Jesús nos invita a permanecer en Él. Nuestra dependencia a Él como la vid traerá crecimiento y, a la larga, fruto. No podemos orar correctamente si no entendemos nuestro lugar en los planes de Dios y nuestra absoluta necesidad de Él. Solo cuando reconocemos que lo necesitamos podemos asegurar que recibiremos lo que pedimos, pues los pámpanos solo tienen un deseo en mente: dar fruto.

Señor, separado de Ti no puedo hacer nada.

Que nuestro más grande anhelo sea llevar fruto.

28

La perseverancia de los líquenes

¿Y acaso Dios no hará justicia a sus escogidos, que claman a él día y noche? ¿Se tardará en responderles?

Lucas 18:7

Verdes, anaranjados, amarillos... los líquenes aparecen sobre árboles y piedras, aparentemente inocentes. Algunos parecen encajes, otros, esponjas. Aunque son pequeños, son poderosos agentes en la erosión. Producen un ácido débil que disuelve los minerales lentamente y forma grietas diminutas en la piedra. Sus hilos van cavando y, con el tiempo, convierten las piedras en tierra.

Jesús comparó la perseverancia en la oración con una viuda que clamaba insistentemente por justicia a un juez, «viniendo de continuo» (Lucas 18:5). A él le molestaban sus reclamos. Se resistió, pero al fin le hizo caso, a diferencia de Dios, que con gusto responde a los que «claman a él día y noche» (v. 7). No le molestan nuestras peticiones.

Como esta viuda, quizá hay enormes piedras de injusticia en nuestra vida. Al orar con perseverancia, esas «piedras» se pueden desmoronar, pues contamos con un Juez que está de nuestro lado. Hagamos caso del consejo de Jesús y oremos siempre sin desmayar. En el momento preciso, se hará justicia.

Oh, Juez justo, confío en tus promesas.

Perseveremos en la oración.

29

COPA VACÍA Y LLENA

Os digo que este descendió a su casa justificado antes que el otro…
LUCAS 18:14

Un maestro de la Biblia mostró a sus estudiantes dos copas y una jarra. Una copa estaba llena; la otra vacía. «¿Cuál recibió el agua de la jarra?», preguntó. Luego comparó la copa llena con el fariseo que estaba tan absorto de sí mismo que no tenía lugar para Dios. De hecho, leemos que «oraba consigo mismo». No hablaba «con» Dios ni se dejaba llenar por Él.

El publicano, sin embargo, se presentó con las manos vacías, tan avergonzado que se quedó lejos y no alzó la vista. ¿Qué hizo Dios? Volcar todo su amor pues lo justificó, lo exaltó, lo encontró, pues el publicano sí se dirigió a Él.

Cuando oramos, tal vez llegamos con una copa imaginaria que quizá venga llena de nuestro orgullo y nuestra autosuficiencia o de todo lo que creemos que necesitamos. O quizá, como el publicano, mientras oramos la vamos vaciando y reconocemos nuestra pobreza, nuestra pequeñez y nuestro pecado y, humildemente, le pedimos a Dios que la llene de Sí mismo. ¿A quién nos parecemos?

Dios mío, ten compasión de mí, porque soy un pecador.

Orar contigo mismo no es orar.

30

El poder del perdón

Y cuando estéis orando, perdonad,
si tenéis algo contra alguno...
Marcos 11:25

Una mujer no encontraba sanidad, así que su médico la mandó a un psiquiatra, pero siguió sin mejorar. Al fin fue con un pastor, quien pidió la guía de Dios en oración. Repentinamente, la mujer empezó a repetir: «¡Los odio!». Resultó que ella traía mucho rencor en contra de otras personas y solo cuando perdonó a cada uno por nombre llegó a sanar.

En la oración buscamos la unidad con Dios y Su voluntad. Cualquier cosa fuera de Su voluntad puede estorbar nuestras oraciones, incluso la falta de perdón. Por eso en el Padre nuestro también oramos: «perdónanos nuestras deudas, como también nosotros perdonamos a nuestros deudores» (Mateo 6:12).

Si sientes que hay alguna barrera entre tú y Dios cuando oras, considera si hay alguien a quien no has perdonado o contra quien tienes algún rencor o resentimiento. La oración nos libra de las cadenas que nos atan y nos hunden a una vida de venganza y de dureza en el corazón. Como escribió Lewis B. Smedes: «Perdonar es liberar a un prisionero y descubrir que el prisionero eras tú».

Padre, ayúdame a perdonar.

El perdón libera corazones y relaciones.

31

El mejor GPS

Muéstrame, oh Jehová, tus caminos;
enséñame tus sendas.
Salmos 25:4

¿Te tocó vivir la época antes de que hubiera GPS? Teníamos que buscar el lugar al que ir en un mapa y trazar lo que, en nuestra opinión, era la mejor ruta. Pero muchas veces no teníamos las calles actualizadas ni podíamos prever el tráfico. Ahora, simplemente ingresamos el destino y el GPS hace todo el trabajo por nosotros.

Lo increíble es que no necesariamente seguimos las instrucciones del navegador. Me ha pasado que dudo de sus estimaciones del tiempo o me baso en mis recuerdos de tal o cual avenida. Y lo mismo hacemos en nuestra vida. Trazamos el camino que creemos que debemos seguir pese a que tenemos al Dios Todopoderoso a una oración de distancia.

La oración por dirección y guía es una de las más comunes, importantes y sinceras que podamos hacer, y Él desea responder pues nos ha dicho: «Te enseñaré el camino en que debes de andar» (Salmos 32:8). Solo recordemos confiar en su sabiduría y no actuar con terquedad una vez que nos responda.

Señor, dime cuál es el camino que debo seguir.

El Señor nos quiere enseñar el camino para andar.

32

Ciento veinte años

Enséñanos de tal modo a contar nuestros días,
que traigamos al corazón sabiduría.
Salmos 90:12

Actualmente, la expectativa de vida promedio es de 70 a 73 años. La persona más longeva en la historia moderna fue la francesa Jeanne Calment. Tenía 122 años y murió en 1997. Sin embargo, pensar en cien años puede resultar extenuante cuando somos jóvenes o cuando todavía nos falta mucho para llegar.

El Salmo 90 es el único escrito por Moisés, quien alcanzó los 120 años. Y aun cuando llegó a una edad admirable, escribe sobre lo efímero de la vida al contrastar que mientras Dios es «desde el siglo y hasta el siglo» (v. 2), nosotros «acabamos nuestros años como un pensamiento. Los días de nuestra edad son setenta años; en los más robustos son ochenta años» (v. 9-10).

Así que Moisés suplicó poder comprender la brevedad de la vida para emplear sus días sabiamente. No sabemos cuánto tiempo tendremos de vida. Cuando busquemos dirección, aprovechemos cada día que nos regala el Señor. Usemos esta hermosa oración de Moisés para pedirle a Dios sabiduría para lo que debemos hacer… ¡hoy!

Señor, enséñame tus propósitos para el día de hoy.

Pidamos sabiduría cada día.

33

Sendas derechas

Endereza delante de mí tu camino.

Salmos 5:8

Imagina que estás en San Francisco y pides direcciones para tu destino. Entonces alguien te dice: «Siga derecho». ¿El problema? Estás en Lombard Street, unas de las calles más sinuosas en Estados Unidos, pues en un solo tramo tiene ocho virajes. ¿Cómo crees que llegarías del otro lado? Quizá un poco mareado e incluso frustrado pues, al ser de un solo sentido, se acumula el tráfico.

David nos enseña a orar por sendas derechas, esas súper carreteras con señalamientos que no podemos pasar por alto. ¿Las has utilizado? ¿No son increíbles? Resulta muy complicado perderse en una de ellas y, además, permiten que tomes velocidad. La pregunta es: si las sendas delante de ti están torcidas, ¿se pueden componer?

Dios responde: «Enderezaré los lugares torcidos» (Isaías 45:2). Él es experto en todo tipo de carreteras y veredas pues le interesa que vayamos por las sendas correctas. Pidamos su ayuda y estemos dispuestos a esperar. Cuando el camino todavía se vea ambiguo, recordemos que parte de la vida espiritual es aguardar con paciencia que Dios actúe y allane nuestras sendas.

Padre, endereza mi corazón delante de Ti.

Dios puede enderezar lo torcido.

34

Examen interior

Ve si hay en mí camino de perversidad,
y guíame en el camino eterno.
Salmos 139:24

Un joven se convirtió a Cristo después de escuchar un programa de radio. Se preparó y, con el tiempo, llegó a ser pastor. Sin embargo, cuando su iglesia auspició un taller que llevaba a los participantes a sanar de heridas emocionales, se dio cuenta de que él también necesitaba un cambio. Por el abuso físico y psicológico que sufrió de niño, en su hogar constantemente actuaba con ira.

El salmista le ruega a Dios que le revele el pecado en su vida para que camine en «el camino eterno». Reconoce que, aun siendo creyente, puede albergar perversidad que no agrada al Señor. En otro pasaje, David exclama: «¿Quién podrá entender sus propios errores?» y ruega: «Líbrame de los que me son ocultos» (Salmos 19:12).

Así como ese pastor descubrió que la ira lo apartaba del camino de Dios, podemos lidiar con alguna obra de la carne. Cuando pidamos que Dios nos guíe al camino eterno, recordemos incluir que el Señor nos muestre cuál es el pecado a vencer y, hecho esto, dejemos que nos controle el Espíritu de Dios.

Enséñame cualquier cosa en mí que no te agrada.

Dios quiere guiarnos en caminos rectos.

35

Una voz detrás

Entonces tus oídos oirán… Este es el camino.

Isaías 30:21

¿Qué harías si vas caminando y, de pronto, cuando te cansas y quieres un atajo, escuchas una voz detrás de ti que te dice: «No te desvíes»? ¿O encuentras una bifurcación y la misma voz te indica cuál es el camino? ¿No sería maravilloso? Dios ha prometido guiarnos, pero usa varios métodos para confirmar que vamos por el camino correcto.

Uno de ellos es mediante las voces de amigos que oran por nosotros y otros viajeros del pasado que nos ofrecen consejo. Cuando le preguntan a Philip Yancey cuál es su libro favorito de los que ha escrito siempre dice que *Sobreviviente*, porque ahí escribió sobre sus héroes como John Donne, G. K. Chesterton y Shusaku Endo. Yancey registró su peregrinaje espiritual a trece individuos que le hicieron seguir en el cristianismo cuando quería renunciar.

¿Quiénes son los mentores del presente y del pasado cuyas voces nos sugieren no desviarnos a la izquierda o a la derecha? Dios usa a otras personas para dirigir nuestros pasos. Escuchemos las muchas formas en que el Señor nos habla, sobre todo a través de viajeros experimentados que nos pueden compartir su sabiduría.

Maestro, enséñame por qué camino andar.

Escuchemos el consejo de otros cristianos.

36

NO ESTAMOS SOLOS

Pero cuando venga el Espíritu de verdad,
él os guiará a toda la verdad...
JUAN 16:13

Cuando mi hijo se fue a estudiar en la universidad, sabía que estaría en un ambiente lleno de atracciones, distracciones y tentaciones. Le escribí una carta animándolo a seguir al Señor. Palabras más o menos decía así: «Ya no tendrás a tus padres recordándote que debes comer tus verduras, ir a la iglesia y tener cuidado con los amigos que escoges. Ahora depende de ti escuchar la voz del Señor».

En este pasaje de Juan, Jesús se está despidiendo de los discípulos antes de su muerte. Estaban tristes, pero les prometió que no estarían solos: «Cuando venga el Espíritu de verdad, él os guiará a toda la verdad» (Juan 16:13). Ya no sería como en el Antiguo Testamento, cuando los sacerdotes echaban unas piedritas, el Urim y Tumim, para recibir revelación de Dios. Ahora tendrían una guía personal y directa.

Con frecuencia necesitamos a ese «Espíritu de verdad» para discernir lo correcto y tomar decisiones adecuadas. Recordemos que podemos orar para que Él nos dirija. Nos rodean personas que quieren declarar «su verdad» como la única; procuremos buscar sobre todo la de Dios.

Espíritu Santo, dirígeme con Tu verdad.

Dios no nos ha dejado solos.

37

¿Leche para gatos?

… os dé espíritu de sabiduría y de revelación
en el conocimiento de él.

Efesios 1:17

Tantas caricaturas y libros infantiles mostraban personajes dando leche a sus gatos que di por hecho que les hacía bien, hasta que un veterinario me contó que, en realidad, muchos gatos son intolerantes a la lactosa. Tenía información en las manos de parte de los medios, pero me faltaba acudir a los expertos.

Si bien este ejemplo no parece trascendental, podemos pensar en muchos más que afectan nuestras relaciones y decisiones. Necesitamos, por lo tanto, el consejo de los expertos, en este caso de Dios. ¿Qué podemos suplicar? Por sabiduría para, entre muchas otras cosas, distinguir entre un buen consejo y un mensaje dañino.

Incluso podemos recibir el mal consejo de cómo conocer mejor a Dios; voces contrarias pueden sugerir prácticas que la Biblia no propone. Pidamos que Dios nos ilumine y nos dé la capacidad de discriminar entre todo lo que recibimos, desde qué dar de beber a un gato hasta cómo conocer a Dios.

Padre, dame percepción y sabiduría para conocerte mejor.

Pidamos sabiduría y discernimiento.

38

Decisiones sabias

Y si alguno… tiene falta de sabiduría, pídala a Dios… y le será dada.

Santiago 1:5

Se dice que hacemos unas treinta y cinco mil decisiones al día, pero la mayoría no son realmente importantes y se resuelven de manera casi mecánica, como qué vestir o qué comer. Por otro lado, algunos días pensaremos en temas trascendentales como una carrera, un trabajo o un cónyuge.

En su carta, Santiago exhorta a los creyentes a tener «sumo gozo… en diversas pruebas» (v. 1:2). Sin duda, en medio de esas pruebas tenían que tomar decisiones difíciles. ¿Debían huir de su ciudad debido a la persecución? ¿Debían vender su casa porque no podían pagar sus impuestos al gobierno romano? En todo caso, el apóstol les dice que, si les faltaba sabiduría, se la pidieran a Dios.

Hoy probablemente pasemos por pruebas semejantes, muchas de ellas ligadas a nuestra fe. ¿Cómo cubrir los gastos hospitalarios de un familiar de una manera honrada? ¿Cómo resolver el disgusto con el vecino? ¿Qué carrera ayudará a nuestro servicio a Dios? La manera de enfrentar estas situaciones sigue siendo la misma: pedir sabiduría a Dios. Pidamos y recibamos con gratitud.

Tú que hiciste mi cerebro, guíame en mis decisiones.

En lo más importante, pídele dirección a tu Creador.

39

Un médico y un escritor

Mi pecado te declaré, y no encubrí mi iniquidad.
Salmos 32:5

Un famoso médico en una serie televisiva solía declarar que todos sus pacientes mentían de alguna u otra manera. Algunos ocultaban sus síntomas o su modo de vida, ya fuera por vergüenza o manipulación. El escritor ruso Dostoyevski, por su parte, propuso que a quien mentimos más es a nosotros mismos.

La confesión es el acto en que debemos salir del escondite y dejar de mentir a Dios, a otros y a nosotros mismos. Confesar se resume en declarar con Dios: «Estoy de acuerdo. Tú dices que soy pecador y así es. Robar está mal y lo que hice, por ende, estuvo mal». Confesar es lo contrario a mentir, aunque la verdad duela.

David, en este salmo, estaba muy avergonzado. Había cometido adulterio y participado en un asesinato. Cuando decidió reconocer sus pecados y confesarlos encontró lo que todos necesitamos: el perdón de Dios. Todos mentimos, a veces negando nuestras iniquidades. Vengamos a Dios con el alma desnuda y recordemos la respuesta negativa a esta pregunta de Dostoyevski: «¿Puede haber un pecado que exceda el amor de Dios?».

Señor, reconozco y declaro mis pecados delante de ti.

La confesión implica dejar de mentir.

40

Oremos a tiempo

Por esto orará a ti… en el tiempo en que puedas ser hallado.
Salmo 32:6

Visitamos a una amiga anciana que ya no podía abrir los ojos, pero escuchaba, entendía y respondía con un levísimo movimiento de la cabeza. A la pregunta: «¿Has creído en Jesús como tu Señor?», ella dijo que sí. Cuatro días después, supimos que ya estaba con el Señor.

Se pueden cometer muchos pecados en una vida. En el salmo 32, David declara que después de haberse negado a confesar su pecado, finalmente dejó al descubierto su culpa y Dios lo perdonó. Por lo tanto, nos da un consejo: oremos mientras haya tiempo. Hagamos las paces con Dios hoy, cuando aún podemos responder con gratitud y una vida de servicio.

¿Has pospuesto el tratar algún asunto con Dios? ¿Gime tu cuerpo o se consume debido a que te condenan tus acciones? Llevemos una vida de total transparencia hoy que hay tiempo. De lo contrario, como indica David, nos pueden ahogar «las desbordantes aguas del juicio» (v. 6, NTV). Mejor experimentemos la alegría de los que hallan el perdón.

Gracias, Padre, por estar presente, ahora mismo.

El momento para confesar nuestro pecado a Dios es ahora.

41

Ten piedad

Ten piedad de mí, oh Dios, conforme a tu misericordia.
Salmos 51:1

¿Te ha pasado que cuando estás orando pasan por tu mente tus pecados pasados, sobre todo aquellos que consideras terribles? David escribió un salmo precioso de confesión después de que Natán, el profeta, lo confrontó. David había encubierto su pecado y declaró que su cuerpo sintió estragos y dolores hasta que se deshizo de su pesada carga.

Sin embargo, supongo que hubo momentos en que la culpa lo volvía a atacar y lo desanimaba. Por su causa un hombre había muerto y su bebé no vivió salvo unos días. Probablemente los «hubiera» lo atormentaban. ¿Cómo siguió adelante? Pidió perdón conforme a la multitud de las piedades de Dios y se presentó ante el trono con un corazón arrepentido y quebrantado.

Seguramente habrá mentiras y pensamientos negativos que quieran ahogar nuestra oración, pero nuestro perdón no descansa en nuestros méritos o esfuerzos sino en el carácter de Dios. Usemos las palabras de Kierkegaard: «Que nuestros pensamientos no nos recuerden lo que cometimos, sino aquello que perdonaste; no cómo nos descarriamos, sino cómo nos salvaste».

Por tu amor, Señor, ten compasión de mí.

El amor inagotable de Dios borra nuestros pecados.

42

Más que «lo siento»

Porque yo reconozco mis rebeliones,
y mi pecado está siempre delante de mí.
Salmo 51:3

Cuando estudiaba en la universidad, una amiga compartió el evangelio conmigo. Por primera vez, comprendí que el pecado era mucho más que «hacer cosas malas». En esencia, era una actitud de rebelión contra Dios. Desde Adán y Eva, esa rebelión consistía en decir, básicamente: «Haré lo que me dé la gana. Soy el dueño o la dueña de mi vida».

David, sin embargo, a pesar de reconocer que Dios era su pastor, se apartó y cometió graves faltas que lo llevaron al adulterio y al homicidio. Hasta que el profeta Natán lo hizo reconocer sus rebeliones, David se arrepintió. Se hartó de que la culpa lo atormentara y la puso a los pies del Señor. ¿Qué sintió? Seguramente paz, mucha paz.

Confesar no es un superficial «lo siento» que decimos para ser socialmente aceptados. Más bien consta de reconocer nuestro pecado y arrepentirnos. Cuando caemos repetitivamente en lo mismo, ¿será que nos hace falta un verdadero arrepentimiento? Reconozcamos, confesemos, rindámonos. Solo entonces nuestras rebeliones dejarán de perseguirnos día y noche.

Muéstrame cualquier área en que he sido rebelde, Señor.

La confesión quita el pecado delante de nosotros.

43

CONTRA TI

Contra ti, contra ti solo he pecado.
SALMOS 51:4

La historia de este joven hubiera sido muy distinta si ese día, presa del deseo, se hubiera acostado con la esposa de su patrón. Quizá hubiera sido una aventura pasajera; tal vez nadie se habría enterado. Pero este joven llamado José sabía que pecaría contra Dios y, por eso, huyó de la esposa de Potifar.

David tardó en comprender esta verdad. Necesitó que Dios le mostrara esa área que requería perdón, y entonces comprendió que había pecado contra Él. José estaba lejos de su familia y no lo verían caer, pero para él era suficiente saber que Dios lo miraba. David ocultó su pecado hasta que se dio cuenta que Dios, quien todo lo ve, lo conocía, y se avergonzó profundamente por su maldad.

Cuando pecamos herimos a otros, pero principalmente a Dios. Quizá incluso pensamos que ciertos pecados, como mirar pornografía, no afectan a nadie, pero no es así. Manchan nuestra mente y alteran nuestra forma de relacionarnos. Y aun en esos casos: contra Él, contra Él pecamos. Que esta realidad nos ayude a no caer y a confesar cuando nos equivoquemos.

Señor, he pecado contra ti; tu sentencia contra mí es justa.

Examínate, duélete y decide no volver a pecar.

44

Limpieza a fondo

Crea en mí, oh Dios, un corazón limpio,
y renueva un espíritu recto dentro de mí.
Salmo 51:10

Las personas acaparadoras, personas que guardan muchas cosas de manera compulsiva, tienen una enfermedad mental. Su manía causa falta de organización, un hogar sin espacio para disfrutarlo e, incluso, falta de higiene. A las personas que sufren de este síndrome les causa gran ansiedad deshacerse de los objetos que coleccionan por lo que necesitan a expertos que les ayuden en este proceso.

David le rogó a Dios: «crea en mí… un corazón limpio» (Salmo 51:10). La enfermedad del pecado le impedía ordenar su vida y no logró hacerlo sin la ayuda del Señor. Necesitaba que Dios renovara su espíritu y por eso pidió rectitud. En pocas palabras, solicitó una limpieza a fondo.

¿Cuáles son los cachivaches y la basura que llenan nuestro corazón? ¿Rencores, obsesiones, pensamientos inmorales, culpabilidad? Dejemos que la brisa fresca del Espíritu de Dios se lleve todo lo que no conviene y no deja espacio para Dios. Que «un espíritu recto» more en nosotros.

Señor, ven y haz limpieza en mi corazón.

Necesitamos un corazón limpio.

45

Las Confesiones

Vuélveme el gozo de tu salvación.
Salmos 51:12

Cuando escribió sus *Confesiones*, San Agustín no ocultó sus tropiezos de juventud, que incluían un hijo fuera del matrimonio, borracheras y falta de respeto. ¿Por qué escribir sus fallas e, incluso, publicarlas? Porque, como explicó, quizá otros se verían reflejados en su historia. Tal vez alguien vería a ese hijo pródigo en su miseria, pero también el momento en que el Padre lo tomó en brazos y lo llenó de gozo.

David nos dejó todo un salmo donde abrió su corazón. Lo vemos abatido y de rodillas, con los ojos llenos de lágrimas, posiblemente golpeándose el pecho mientras confesaba sus errores. Luego, unos versos después, lo miramos alegrarse al pedir limpieza, pureza y perdón. Entonces Dios restaura en Él la alegría. David vuelve a saltar y a cantar.

Si has confesado tu pecado y recibido el perdón de Dios, quizá también debas compartir con otros cómo Dios perdona, devuelve y restituye nuestra alegría. Tal vez tu historia pueda animar a otros a venir al Padre que nos trata con mano «suavísima y llena de misericordias», como lo descubrieron David y San Agustín, y como lo descubrimos tú y yo.

Señor, gracias por el gozo de tu salvación.

Compartamos con otros el perdón de Dios.

46

Que se muestre Tu gloria

Ayúdanos, oh Dios de nuestra salvación,
por la gloria de tu nombre.
Salmo 79:9

Aunque no lo quiera, represento a mi familia. Si, por ejemplo, suelo contar chistes, quizá los demás piensen que todos somos divertidos. Si llego siempre tarde, tal vez otros crean que mis compatriotas son igual a mí. Si practico la hospitalidad, otros podrían deducir que en mi iglesia otros más lo hacen.

En el Salmo 79, Asaf clama por liberación. Reconoce que su pueblo sufre las consecuencias de su pecado, pero pide misericordia. No la pide por su propio bien ni por el de Israel, sino «por la gloria de tu nombre». Su preocupación radica en que, si Dios no les ayuda, la gente dirá: «¿Dónde está su Dios?» (v. 10). ¡La reputación del Señor está en riesgo!

El enfoque de nuestras oraciones debe ser que Dios sea glorificado, no que se cumplan nuestros deseos. Además de representar a una familia, a una nación o una iglesia en particular, somos embajadores de Dios. Busquemos exaltar al Señor en todo lo que hagamos.

Lo que ocurra en mi vida, que hable de ti, Señor.

Que la gloria de Dios predomine en nuestra existencia.

47

LA CONFESIÓN DE DANIEL

Hemos pecado, hemos cometido iniquidad.
DANIEL 9:5

En el año aproximado de 587 a.C., el profeta Jeremías anunció que el exilio de Judá duraría setenta años. Si bien quizá muchos olvidaron los detalles, un anciano judío llevaba la cuenta. ¿Y cuál fue su reacción al estudiar la profecía? Orar. ¿Y qué hace? Confesar sus pecados y los del pueblo. ¿Y quién era este hombre? Daniel.

Aquí está un varón al que consideramos un héroe de la fe y que no ocuparía nuestra lista de hombres malos de la Biblia, pero que en su sensibilidad y cercanía a Dios reconoce que merece, junto con el pueblo, el castigo. De hecho, ocupa estas seis frases: «hemos pecado, hemos cometido iniquidad, hemos hecho impíamente, hemos sido rebeldes, nos hemos apartado de tus mandamientos, no hemos obedecido a tus siervos», y todas están en plural.

Si bien es cierto que la confesión individual es importante, Daniel nos muestra que delante de Dios debemos también admitir los pecados de nuestras familias, nuestras iglesias y nuestros países para pedir el perdón de Dios. ¿Y si no nos consideramos culpables? Quizá no hemos examinado bien nuestros corazones.

Señor, hemos pecado; perdónanos.

Confesemos los pecados de nuestra comunidad.

48

Justo a tiempo

Oye, Señor; oh Señor, perdona; presta oído, Señor,
y hazlo; no tardes, por amor de ti mismo.
Daniel 9:19

Los empresarios conocen muy bien el método de producción «Justo a tiempo». Este concepto, desarrollado por Kiichiro Toyoda, enseña a producir solo lo necesario y en el momento oportuno. Aumenta la eficiencia y a la vez reduce los costos ya que disminuye los excesos.

Cuando Babilonia conquistó Judá y llevó a muchos hebreos en exilio, el profeta Daniel reconoció que era porque habían pecado. Al estudiar los escritos de Jeremías, descubrió que Dios había profetizado que el tiempo de su exilio sería de setenta años. Por eso le pidió a Dios que lo escuchara y actuara sin tardar. Confió en que Dios cumpliría su promesa en el tiempo debido.

Aunque parezca que Dios tarda en contestar, realmente Él está en control. Responderá justo a tiempo, según sus propósitos. En 2 Pedro 3:9 leemos que: «El Señor no se tarda en cumplir su promesa, según algunos entienden la tardanza, sino que es paciente… no queriendo que nadie perezca». Tengamos confianza; nuestros tiempos están en sus manos.

Confío que contestarás justo a tiempo, Señor.

Dios actuará en el momento oportuno.

49

En una abadía

Confesaos vuestras ofensas unos a otros,
y orad unos por otros.
Santiago 5:16

En una abadía de la Inglaterra medieval, el padre Gregorio modificó la regla de San Benedicto, y ante una ofensa, el culpable debía postrarse ante la víctima y decir: «Con humildad confieso mi falta por… y pido tu perdón, mi hermano, y el de Dios».

Tom, un novicio, encontró la práctica bastante incómoda cuando tuvo que humillarse ante el cocinero y pedir perdón por comer una tarta fuera de horario. Pero la situación empeoró cuando el anciano abad se postró ante él y le pidió perdón porque, en el pasado, él mismo se había comido cinco tartas sin permiso y jamás lo había confesado. Ambos lados requieren humildad, pero no olvidemos un paso más.

El padre Gregorio olvidó un segundo paso. A la confesión le debe seguir la oración por el otro. Pensemos, cuando nuestro cónyuge o nuestros hijos piden perdón, ¿le sigue un tiempo de oración y sanidad? Quizá debamos añadir a la regla de esta abadía de la que escribió un cuento Penelope Wilcock una última frase: «Y ahora te ruego que ores por mí».

Señor, te pido por aquellos contra los que he pecado
y por los que han pecado contra mí.

La oración sigue a la confesión.

50

En toda su crudeza

Si confesamos nuestros pecados, él es fiel y justo para perdonar nuestros pecados, y limpiarnos de toda maldad.
1 Juan 1:9

El poeta Charles Baudelaire dijo: «Hay una diferencia entre reconocer y confesar. Reconocer supone suavizarlo, poner excusas para algo que no puede excusarse; confesar solo menciona el delito en toda su crudeza». Confesar es expresar voluntariamente acciones, palabras o pensamientos indebidos. No pone pretextos.

El apóstol Juan llama a los creyentes a andar en la luz (1 Juan 1:7) y les aclara que quien dice que no tiene pecado es mentiroso. Algunas personas piensan que después de ser salvos, si caen en la tentación, pierden su salvación. Al contrario, la Palabra es clara: «Si confesamos nuestros pecados, él es fiel y justo para perdonar nuestros pecados, y limpiarnos de toda maldad».

Al avanzar en el camino de la fe, nos hacemos más sensibles al pecado en nuestras vidas. Algunos ejemplos de lo que desagrada al Señor son palabras hirientes, hechos injustos y promesas incumplidas. Más sutiles, pero igualmente dañinos, son los pensamientos pecaminosos. Mencionemos, en toda su crudeza, nuestros pecados de cada día.

Hazme entender cómo te he ofendido para confesártelo, Señor.

Confesemos el pecado con presteza.

51

MÁS ALLÁ DEL BUEN SAMARITANO

Oye, oh Jehová, una causa justa; está atento a mi clamor.
SALMOS 17:1

Un hombre viajaba a Jericó cuando unos ladrones lo dejaron medio muerto. Un samaritano, enemigo de los judíos, le tuvo misericordia y lo rescató. ¿Recuerdas la parábola que contó Jesús? Todos queremos ser ese buen samaritano que no fue indiferente al dolor del otro.

Sin embargo, Martin Luther King escribió que ayudar a nuestro prójimo en el camino es solo el primer paso. A la larga debemos pensar qué podemos hacer para que el camino a Jericó sea menos peligroso y se convierta en una carretera segura; cómo ayudar a esos ladrones a reintegrarse a la sociedad. Cuando clamemos por justicia, recordemos que nosotros somos una pieza clave en la respuesta.

Oremos a Dios y pidamos que su justicia se extienda en nuestras tierras, pero recordemos que nuestra parte va más allá de dar una moneda al menesteroso. Quizá Dios quiera que actuemos y abramos el camino para reconciliar pueblos, ayudar al débil, tender la mano al intocable y abrir las puertas al extranjero. En palabras de King: «La verdadera paz no es simplemente la ausencia de tensión, es la presencia de justicia».

Señor, clamo por justicia para mi pueblo,
pero quiero ser parte del cambio.

Oremos por justicia.

52

RCP

Oye mi voz conforme a tu misericordia; oh Jehová, vivifícame conforme a tu juicio.
Salmo 119:149

Seguramente has visto programas de televisión en la sala de emergencias donde los médicos reciben a alguien casi muerto y lo reaniman al restablecer su respiración y la circulación del enfermo. A esta maniobra se le conoce como reanimación cardiopulmonar o RCP. ¿Has sentido que estás a punto de morir o a punto de sufrir un paro cardíaco espiritual?

En el salmo 119, el poeta siente que se muere. Ora con todo su corazón y clama: «¡Rescátame!». ¿Qué necesita? Ser vivificado, reanimado, ser mantenido con vida. ¿Es posible? ¡Claro que lo es! Así como Jesucristo resucitó de la muerte, hoy renueva y hace nuevas criaturas a los que creen en Él (2 Corintios 5:17).

Si hoy te sientes en la sala de emergencias del alma porque estás decaído, desanimado o espiritualmente seco, ¡busca al Señor! Aun nuestro Señor experimentó la desesperación en el huerto de Getsemaní, así que nos comprende y sabe que necesitamos oxígeno para sobrevivir. Él está cerca y sus ordenanzas nos reanimarán.

Señor, oye mi voz, vivifícame y renuévame.

Oremos por fuerzas renovadas.

53

El ruego de Jeremías

Conozco, oh Jehová, que el hombre no es señor de su camino, ni del hombre que camina es el ordenar sus pasos.
Jeremías 10:23

Cuando mi bebé comenzó a gatear, puse unas protecciones para que no cruzara ciertas partes de la casa. ¿Qué hizo? Insistir en cruzarlas hasta que lo logró. Entonces se dio cuenta de que no había nada divertido del otro lado, y que todas las cosas buenas se encontraban de este lado de la cerca.

Las palabras del versículo de hoy no se dieron en un momento tranquilo, sino ante las malas noticias. Las noticias de aquellos tiempos informaban que en el norte había problemas. Los babilonios se aproximaban. La guerra era inminente. ¿Y qué hicieron las autoridades judías? ¡Hacer planes!

Jeremías, sin embargo, conocía la profecía: el pueblo caería; los babilonios vencerían. En otras palabras, los seres humanos somos necios y queremos cruzar las cercas que nos protegen. Cuando sea así, oremos por que sea Dios quien nos dirija y pidamos sabiduría para aceptar las consecuencias de nuestros errores. Aprendamos a vivir dentro del cerco de Dios.

Señor, ordena Tú mis pasos.

La oración pone su fe en Dios.

54

Los crayones derretidos

Castígame, oh Jehová, mas con juicio; no con tu furor, para que no me aniquiles.

Jeremías 10:24

Cuando era pequeña, mis padres insistieron numerosas veces en que no dejara mis crayones en el sol. Ellos sabían que llegarían a derretirse y se volverían inservibles. Un día se me olvidó guardarlos y se echaron a perder. Mi mamá me dijo: «Cuando llegue tu papá, te va a castigar». Cuando regresó del trabajo, mi papá no dijo nada hasta que, cansada por el miedo, dije: «¿Cuándo me vas a castigar?».

Jeremías pensaba lo mismo. Dios le advirtió al pueblo una y otra vez que se apartaran de los ídolos y se arrepintieran. Cuando tuvo que castigarlos, Jeremías, en representación del pueblo, rogó por el castigo, pero apeló a la misericordia de Dios. Ciertamente los israelitas merecían la disciplina, pero Jeremías confió que si venía de parte de Dios no desaparecerían del planeta.

Quizás hayas pecado y reconoces que tienes que sufrir las consecuencias. Aun así, recuerda que la misericordia de Dios es mucho más grande que tus faltas y mucho más profunda que unos crayones derretidos.

Padre, acepto tu disciplina. Ten misericordia de mí.

Dios obra siempre con justicia.

55

Desde un baño

Oh Jehová, mira por mí, y oye la voz de los que contienden conmigo.

Jeremías 18:19

Encerrada en un baño con otras mujeres, Immaculée Ilibagiza oraba: «Señor, mátalos a ellos antes de que me maten a mí». Sus antiguos vecinos y amigos ahora clamaban por su sangre durante el genocidio de Ruanda en 1994. Pasaron los días en ese pequeño baño donde se ocultaba, y después de leer la Biblia una y otra vez, Ilibagiza, desafiada por el Padre Nuestro, los perdonó.

Jeremías también se encontró en una situación de peligro en que sus propios conciudadanos maquinaron contra él para herirlo. Oró al Señor y clamó que Dios los dispersara y castigara. ¿Los perdonó? El texto no lo dice, pero muchos años después Jesús nos mandó a orar por nuestros enemigos.

Podemos exigir justicia y señalar a quienes nos agreden delante de Dios, pero, como en el caso de Immaculée, entre más oremos, más trabajará el Espíritu Santo en nuestros corazones hasta que seamos capaces de perdonar a los que nos agreden. En palabras de Ilibagiza: «Si yo pude perdonar a quien mató a mi familia, todos pueden».

Señor, me aferro a la oración y al perdón.

Perdona y ora.

56

ENEMIGOS

Amad a vuestros enemigos.
MATEO 5:44

«No tengo enemigos», dirán muchos hoy en día. Un enemigo puede ser una persona que tiene mala voluntad hacia otra o le desea mal, pero también se refiere a alguien que, simplemente, se opone a otro. Piensa en los que predican ideas contrarias a las tuyas, o los que tienen hábitos opuestos, o los que buscan desviarte de tu propósito.

Jesucristo tuvo muchos enemigos que quisieron difamarlo y, en el caso de los líderes judíos, matarlo. Aun así, en la cruz oró por quienes lo crucificaron: «Padre, perdónalos, porque no saben lo que hacen» (Lucas 23:34). En el Sermón del Monte enseñó que tratáramos a nuestros agresores con amor y oración (Mateo 5:44).

¿Cómo orar por las personas contrarias a nosotros? Podemos pedir que Dios suavice sus corazones, o que tengan la oportunidad de recibir el amor de Cristo, o que, de algún modo, podamos hacerles un bien. Oremos también por la capacidad, la voluntad y las ganas para amar al otro. Que como Jesús podamos interceder por nuestros antagonistas.

Señor, pido tu bendición para esa persona que me desea mal.

Solo Dios puede convertir a los enemigos en amigos.

57

SOLO HAZLO

Rogad, pues, al Señor de la mies, que envíe obreros a su mies.
MATEO 9:38

En los cincuenta, David Wilkerson leyó una noticia sobre siete jóvenes pandilleros que asesinaron a un niño llamado Michael Farmer. Quizá sintió indignación ante el hecho, pero, sobre todo, experimentó un impulso muy fuerte por ayudar a esos jóvenes atados a la delincuencia y a las drogas. Wilkerson sintió la urgencia de orar, pero también de ir.

El verbo «rogar» en este versículo conlleva la idea del famoso eslogan de Nike: «Solo hazlo». Jesús nos ordena y nos empuja a orar por obreros para la cosecha ya que la labor importa demasiado. ¿Qué cosas urgentes tienes para hoy? ¿Pagar tu tarjeta de crédito, terminar tu serie preferida, conseguir un nuevo pantalón?

Lo más importante radica en las almas de las personas que hoy se pierden. Que Dios nos dé esa urgencia para rogar por toda etnia y nación. Doblemos las rodillas para que más personas vayan como Wilkerson en medio de ellos a anunciar a Jesús. Sobre todo, estemos abiertos a la posibilidad de que nosotros seamos el «obrero» que debe ir.

Señor, sé que tú estás a cargo de la cosecha,
pero te pido que envíes más obreros a los campos.

Roguemos por más mensajeros.

58

Orar por la salvación

Ciertamente el anhelo de mi corazón,
y mi oración a Dios… es para salvación.
Romanos 10:1

Proveniente de Hong Kong, John había emigrado a Canadá de joven. Lo conocí cuando trabajamos un verano en el mismo hotel en nuestra época estudiantil. Yo compartía con él mi nueva fe en Cristo, pero él ponía muchas barreras. ¿Qué tal, me decía, si simplemente «no era predestinado» para ser salvo? Después le seguí escribiendo y oraba por su salvación. Cuando se casó, perdimos contacto.

El apóstol Pablo tuvo una impactante conversión en la que creyó en Jesucristo como su Mesías. Aun siendo un judío piadoso, seguía creyendo que su adherencia a la ley religiosa le garantizaba la salvación. Pero en un instante, quedó ciego en un encuentro con el Señor y se le abrieron los ojos espirituales (Hechos 9). Al escribir a los romanos, confesó que su gran anhelo y oración era la salvación de Israel.

Hace unos años, recibí un mensaje de John cuando me halló por las redes sociales. Poco después, me escribió que al fin había tomado una decisión por Cristo. Lloré al ver contestadas mis oraciones tantos años después. ¡Dios escucha!

Señor, hazme persistir en orar por la salvación de mis amigos.

La oración más importante es por la salvación de otros.

59

Carta de oración

Pero os ruego, hermanos...
que me ayudéis orando por mí a Dios.
Romanos 15:30

¿Recibes cartas de oración de misioneros, pastores o de algún ministerio? Yo sí. En mi correo electrónico recibo noticias de una amiga en China, de otros en Turquía y de un ministerio que ayuda a los necesitados en África. En la nevera tengo fotos de otros conocidos que trabajan con inmigrantes y huérfanos en India.

Estas cartas y fotografías son una invitación para que yo ore y no los olvide en mi diario trajín. Tristemente, confieso que hay días que olvido interceder por ellos. Pablo no tenía imanes o imágenes digitales para compartir, solo cartas. Y en ellas plasma sus peticiones. En la carta a los romanos pedía por su deseado viaje a España y por seguridad de las amenazas en Jerusalén.

¿Oraron por él los romanos? Al parecer Pablo no llegó a España y los rebeldes en Judea lo quisieron matar. Quizá a veces parece que Dios no escucha cuando los planes de sus ministros se ven alterados, pero eso no nos exime de nuestra responsabilidad y compromiso de mantenerlos presentes en nuestras plegarias. Oremos.

Señor, ruego por los que te sirven en todo el mundo.

Ayudemos a otros en oración.

60

Una familia

Os ruego… para que con gozo llegue a vosotros…
y que sea recreado juntamente con vosotros.
Romanos 15:30, 32

«No necesito ir a la iglesia», dicen algunos. Ahora, cada vez más, uno puede escuchar sermones, estudios bíblicos y aun cultos completos por Internet. La pandemia del COVID nos acostumbró a «reunirnos» a distancia y algunos creyentes decidieron seguir haciéndolo. Argumentan que siguen «asistiendo» y no dejan la fe. Se ahorran el tiempo de viajar y otras «ventajas».

Sin embargo, las prácticas «anticuadas» no han perdido su fuerza. Pablo pidió oración a los romanos para que pudiera visitarles y «con gozo» descansar en su presencia y ser «recreado» con ellos. No conocía a la mayoría, pero reconocía la importancia de la comunión presencial y real. Seguramente ellos también anhelaban conocerlo en persona, abrazarlo y ser bendecidos por él directamente.

La iglesia es más que un sermón y algunos himnos. La iglesia consiste en personas que se relacionan el uno con el otro, que oran por las necesidades mutuas, que se animan y se consuelan, que se abrazan y dan para las necesidades de sus hermanos en la fe. ¡No dejemos de congregarnos!

Señor, quiero congregarme y tener comunión con los hermanos.

Oremos por comunión.

61

Perfecta paz

Y el Dios de paz sea con todos vosotros.
Romanos 15:33

Revisé hoy mi lista de peticiones: un amigo misionero recién operado, una conocida que perdió a su hijo por suicidio, un pariente cercano con problemas de salud, una vecina con problemas económicos. Cada uno tiene una petición específica que merece elevarse al cielo, pero cuando no sé qué pedir, ruego que la paz de Dios los acompañe.

¿Te has fijado que muchas veces, después de que se habla de oración, se menciona la palabra paz? Pablo nos pide no preocuparnos, sino orar, y añade que entonces podremos experimentar la paz de Dios que sobrepasa cualquier cosa que podamos entender.

Sin embargo, aquí en la carta a los romanos hace un pequeño cambio y pide que el Dios de esa paz sea con nosotros. Ansiamos y deseamos su paz, pero esa paz llegará si el Autor de esa paz nos acompaña. Cuando la paz de Dios cubre las mentes y los corazones de aquellos por quienes rogamos, todo lo demás adquiere perspectiva.

Señor, da a mis seres queridos esa paz que el mundo no da ni entiende.

Oremos por la paz de Jesús en los demás.

62

ORAR EN EL ESPÍRITU

Orando en todo tiempo con toda oración y súplica en el Espíritu.

EFESIOS 6:18

Se cuenta que el evangelista D. L. Moody estaba en una iglesia donde una mujer se alargó tanto orando que él anunció: «Mientras la hermana termina de orar, cantemos el himno tal». También declaró: «Se deben acortar las oraciones de algunos por ambos extremos y se debe prenderles fuego en medio».

Lo largo de las oraciones no determina su eficacia. Pablo habla de orar «en todo tiempo con toda oración y súplica», lo cual habla de intensidad y dedicación. A la vez, dice que se haga «en el Espíritu». No se trata del «qué» de las palabras sino del «cómo» se le pide a Dios. Significa que oremos, no de forma automática, sino según nos guíe el Espíritu Santo.

Como a veces nos sentimos limitados al orar, tratamos de hacerlo con elegancia. Pero Dios aprecia que nos acerquemos a Él con sencillez, en dependencia del Espíritu. Si estamos con otros, procuremos no orar pensando en ellos sino en el Señor. Las muchas palabras no hacen que Dios escuche más. Él anhela escuchar «el fuego» detrás de esas palabras.

Señor, guíame con tu Espíritu cuando oro.

Dejemos que el Espíritu nos encienda al orar.

63

Orar por denuedo para otros

Para dar a conocer con denuedo el misterio del evangelio.
Efesios 6:19

¿Tienes un expositor de la Biblia al que admiras? Pudiera ser un maestro, un pastor, o un evangelista al que observas en el escenario cada domingo, o a quien escuchas por radio o redes sociales. Tal vez se trata de un escritor, un músico o poeta. ¿O eres tú alguien que abre la Biblia para enseñar a otros?

No se trata de un trabajo sencillo. Aunque algunos quizá tengan la motivación incorrecta, la mayoría de los predicadores que conozco de cerca sienten pasión por comunicar la Palabra de Dios. Por eso, debemos orar por ellos. ¿Y qué pedir? Pablo nos da una idea importante en este pasaje en que pide por denuedo.

Oremos por que no tengan temor de hablar, a pesar de que la sociedad contradiga las enseñanzas bíblicas; oremos por que compartan con confianza y hagan notorias las verdades del Evangelio; oremos por que se llenen de valor para no claudicar ante la oposición; oremos por que encuentren las palabras adecuadas para explicar los secretos de Dios. En pocas palabras, oremos por que sean los mensajeros correctos.

Eterno Padre, danos el valor de anunciar las Buenas Noticias.

Oremos por los que predican la Palabra.

64

Cuando necesitamos denuedo

... que con denuedo hable de él, como debo hablar.
Efesios 6:20

El denuedo es el valor de actuar o hablar sin temor, a pesar de los peligros reales o imaginados. La mamá que ve a su niño amenazado por un extraño no temerá arrebatarlo de esa persona. El empleado que reporta una injusticia de parte de su jefe, aun sabiendo que puede perder su empleo, actúa con denuedo. El que rescata a una persona que está por ser atropellada, piensa primero en salvar una vida.

En una reunión de los primeros cristianos: «Cuando hubieron orado, el lugar en que estaban congregados tembló; y todos fueron llenos del Espíritu Santo, y hablaban con denuedo la palabra de Dios» (Hechos 4:31). La fuente real del denuedo espiritual es el Espíritu de Dios, no porque el individuo sea naturalmente valiente. Dios puede usar aun a los callados o introvertidos para hablar de Cristo.

Nosotros también, como el apóstol Pablo, pidamos oración para hablar con valor. Dios puede ayudarnos a vencer pretextos y temores. Simplemente dar nuestro testimonio puede ser una manera de compartir el poder de Cristo.

Úsame y usa mis palabras, Señor.

Oremos por valor.

65

Puertas abiertas

Para que el Señor nos abra puerta para la palabra.
Colosenses 4:3

En 1955, un joven misionero holandés asistió a un congreso comunista en Polonia, pero no traía propaganda política en su maleta, sino Biblias. Este viaje cambió su vida para siempre, y al descubrir que los creyentes detrás de la cortina de hierro necesitaban con desesperación oración, apoyo y Biblias, se dedicó a visitar y contrabandear las Escrituras en su pequeño carro Volkswagen sedán azul.

El hermano Andrés, como se le conocería después, oró por puertas abiertas y cuenta en sus libros y conferencias los muchos milagros que Dios hizo para que los soldados lo dejaran pasar sin confiscar su preciado cargamento. Hoy, su pequeña misión se ha convertido en un ministerio internacional para apoyar a la iglesia perseguida en todo el mundo.

Sin embargo, esta visión comenzó en el primer siglo cuando un siervo de Jesús les rogó a sus amigos en Colosas, hoy Turquía, que oraran porque el Señor le abriera puertas para la Palabra. ¿Nos unimos hoy a este ruego de Pablo para que las murallas se derrumben y la Palabra de Dios llegue a los confines más remotos de esta Tierra?

Señor, sé que Tú abres puertas todo el tiempo; que las pueda ver.

Oremos por obediencia para cruzar las puertas abiertas.

66

Una semilla

... orad por nosotros, para que la palabra del Señor corra y sea glorificada, así como lo fue entre vosotros...

2 Tesalonicenses 3:1

Parecía que la iglesia había desaparecido en China cuando cayó bajo el comunismo. Pero a finales del siglo xx, el mundo se sorprendió al enterarse de lo que estaba pasando en medio de limitaciones y persecuciones. Entre 1949 y 1979, se reporta que la iglesia china creció un 1300 %. Aunque resulta difícil rastrear el número de creyentes y muchos sufren hostigamiento, se calcula que actualmente son unos veinte millones.

Pablo era un gran misionero y anhelaba alcanzar a muchas personas. Pidió oración «para que la palabra del Señor [corriera] y [fuera] glorificada». No quería que se estancaran las iglesias, sino que se siguiera difundiendo el mensaje de vida eterna.

Podemos orar de la misma manera hoy pidiendo por las iglesias en todo el mundo. Recordemos, entre otros, a los hermanos perseguidos para que no desfallezcan en la obra. Cada cristiano puede y debe ser parte de este «correr» de la Palabra.

Señor, te ruego por los cristianos perseguidos en países hostiles; que tengan valor para hablar de Ti.

Oremos por que se difunda el Evangelio.

67

UN DOCTOR MUY MALO

Y para que seamos librados de hombres perversos y malos; porque no es de todos la fe.
2 TESALONICENSES 3:2

Quizá pensamos que no existen las personas malas hasta que nos topamos con una o leemos las atrocidades que se han cometido a lo largo de la historia. Existió un médico que, en lugar de salvar vidas como exige el juramento hipocrático, realizó experimentos inhumanos durante la Segunda Guerra Mundial.

Josef Mengele recibió el apodo del «ángel de la muerte», pero no actuaba como el científico loco de las películas, sino como un investigador con muchas capacidades, que formaba parte de un grupo de más de cincuenta médicos en el campo de concentración de Auschwitz. Al no lucir como un monstruo, quizá no faltó quien se sintió «privilegiado» al ser elegido por el doctor para un pequeño experimento.

Pablo, por eso, pidió oración para escapar de los hombres perversos que no practican la fe en Cristo. Reconocía los peligros de estas personas que incluso se disfrazan de ministros para engañar. Oremos, por lo tanto, por protección de la gente que solo busca dañar a la familia de la fe, desde un pederasta o un tratante de mujeres, hasta un perseguidor o un asesino.

Señor, líbranos de la gente insolente y malvada.

Pidamos por protección de aquellos que solo buscan destruir.

68

La importancia de la oración

Exhorto... a que se hagan rogativas, oraciones, peticiones y acciones de gracias, por todos los hombres.

1 Timoteo 2:1

«Más que la preparación, más que recursos económicos, lo esencial en la obra misionera es la oración. ¡Necesitamos sus oraciones!». Estas fueron las palabras de una pareja mexicana que sirve en un país musulmán. Reconocen que la fuerza verdadera no viene de nuestras obras humanas. También comparten que, en aquel país, cuando ellos ofrecen orar por alguna necesidad, nadie los rechaza, aunque pidan en el nombre de Jesús.

Pablo exhortó a Timoteo que se hicieran «peticiones y acciones de gracias, por todos los hombres». No hay excepciones; todos necesitan de este ministerio y aun los que «no creen en Dios» pueden aceptar que se ore por ellos. Y aun cuando digan que no, podemos hacerlo en privado. Orar es una forma de obedecer a Dios y de tocar las vidas de otros.

Podemos orar en voz alta o en silencio, en cualquier posición. Podemos hacerlo con otros o en privado. Podemos orar por conocidos y desconocidos. Podemos hacerlo aun en medio de nuestras actividades diarias. Además de interceder por los demás, recordemos también dar gracias a Dios siempre.

Gracias, Señor, por el privilegio de poder orar.

Oremos por todos.

69

Incluso por Nerón

... por los reyes y por todos los que están en eminencia, para que vivamos quieta y reposadamente en toda piedad y honestidad.

1 Timoteo 2:2

En esos días gobernaba un tirano que regía sin justicia y a medida de su voluntad. Además, se le consideraba egoísta y desenfrenado. Sus súbditos pensaban que era compulsivo y corrupto. De hecho, algunos creían que comenzó un incendio que castigó la capital del Imperio, sin olvidar que mandó asesinar a parientes y enemigos.

Durante este gobierno lleno de inmoralidad y persecución a los cristianos, Pablo pide que se ore por las autoridades. ¿Y qué se debe pedir? Ayuda para que los ciudadanos vivan con tranquilidad. Pero añade que se dé gracias por ellos. ¿En serio? ¿Agradecer por un loco como Nerón?

Haz una lista mental de los que hoy están a cargo de tu vecindario, tu ciudad y tu país. Probablemente encuentres muchas razones para calificarlos como incompetentes o poco calificados, pero Dios no dice que tienen que agradarnos para orar por ellos. Simplemente, debemos orar por nuestros gobernantes para vivir en humildad y quietud, incluso en medio de un reino de terror como el de Nerón.

Señor, te pido por mis gobernantes.

Oremos por nuestras autoridades.

70

Entre tantas opciones

... el cual quiere que todos... sean salvos
y vengan al conocimiento de la verdad.
1 Timoteo 2:3-4

Una mujer probó el budismo por moda más que por otra cosa. Una amiga le habló de Cristo y prometió orar por ella. Después de mucho tiempo, esta mujer comprendió que solo Jesús es «el camino, la verdad y la vida» (Juan 14:16). Ella y su esposo llegaron a ser misioneros en un país «cerrado» en Asia.

En su primera carta a Timoteo, Pablo recalca el deseo divino de que todos «sean salvos y vengan al conocimiento de la verdad». En aquellos días también había muchas religiones y filosofías que confundían a los creyentes. Todas las otras creencias predicaban llevar a la verdad, pero con falsedades.

Nuestros días no son diferentes. Abundan las religiones, pero también las posturas filosóficas y estilos de vida que proclaman ser verdaderas. Compartamos con otros las enseñanzas bíblicas, pero, sobre todo, oremos para que Dios abra el entendimiento de las personas y que el evangelio penetre en sus corazones. Solo Dios puede hacerlo.

Dios, úsame para compartir tu verdad y orar por otros.

Oremos para que otros conozcan la verdad.

71

Acorralados por gigantes

En mi angustia invoqué a Jehová...
y mi clamor llegó a sus oídos.
2 Samuel 22:7

En lo más reñido de una pelea en contra de los filisteos, a David se le acabaron las fuerzas y quedó exhausto. Ya no era el joven pastor que sujetaba a leones, ni el rey de los primeros años que dirigía a sus tropas, sino un rey maduro y debilitado. Para colmo, un poderoso gigante lo tenía acorralado y estaba a punto de matarlo con una lanza que pesaba más de tres kilos.

¿Le pidió a Dios protección? Así lo hizo, pues justo entonces, Abisai, su sobrino, llegó al rescate y mató al filisteo. Desde entonces, su ejército le pidió no salir más a la guerra. David podía hacer una lista muy larga de peligros que enfrentó, desde osos hasta reyes enloquecidos como Saúl, enemigos como los filisteos y los gabaonitas, traidores dentro y fuera del palacio, y de todos lo libró el Señor.

Como David, habrá ocasiones en que nos sintamos acorralados por enemigos y situaciones complicadas. Además, probablemente nos encontremos agotados y sin fuerzas. Clamemos a Dios por protección y Él oirá. Nos dará un lugar seguro.

Señor, Tú eres mi roca, mi fortaleza y mi escudo.

En Dios encontramos protección.

72

Los gritos del corazón

Claman los justos, y Jehová oye,
y los libra de todas sus angustias.
Salmo 34:17

Una extranjera se maravilló al visitar el Muro de los Lamentos en Jerusalén y ver a una mujer judía gritar y mover todo el cuerpo agitadamente al hacer sus peticiones a Dios. Un judío le explicó que eso se basaba en la enseñanza bíblica de amar a Dios «con todas tus fuerzas» que dicta la ley.

El Salmo 34 nos dice que cuando claman los justos, «Jehová oye». Clamar es más fuerte que solamente orar; es pedir imperiosa y vehementemente, pedir a gritos y aun exigir. Podemos imaginar que, al hacer esto, muchas veces lo hacemos con angustia, pero el resultado es que Dios «libra de todas sus angustias» a sus hijos que claman. ¡Qué maravillosa realidad!

No tienes que orar con formalidad, ni siempre con voz suave. Abre tu corazón y sincérate con el Señor. Si nace de ti, siéntete en confianza de llorar y gritar. Puedes alzar tus manos o arrodillarte para expresar lo que sientes con el cuerpo. Confiésale al Padre tus deseos más íntimos y Él te librará de tus angustias.

¡Oh, Señor, clamo a ti con todas mis fuerzas!

Orar es clamar.

73

A PUNTO DE MORIR

Entonces invoqué el nombre de Jehová.
SALMOS 116:4

Postrado y mirando la luz del techo del quirófano, antes de entrar en la inconsciencia, escuchas decir a los médicos que tu vida corre peligro... El autobús vira y tú también, pero crees que terminarás aplastado... La turbulencia aumenta y la aeronave se sacude como paja en el viento... El dolor te postra y te dobla; tu vida pasa delante de ti antes del desmayo.

Quizá hemos vivido algo donde la muerte parece envolvernos; donde solo miramos dificultad y dolor. Entonces le ruegas al Señor que te salve y Él lo hace. Tu alma descansa nuevamente. El poeta del Salmo 116 conocía bien la angustia y su reacción ante la protección de Dios se tornó en alabanzas a la bondad y misericordia del Padre.

Luego, termina con palabras que nos asombran: «Estimada es a los ojos de Jehová la muerte de sus santos» (v. 15). Quizá un día recibiremos la liberación más completa: ir con Él y dejar de sufrir. Mientras tanto, no dejemos de invocar el nombre del Señor y alabemos Su nombre porque nos salva.

Señor, libra mis pies de tropezar; quita las lágrimas de mis ojos.

Demos gracias a Dios porque nos libra de peligros.

74

Me has hecho bien

Jehová guarda a los sencillos; estaba yo postrado, y me salvó.
Vuelve, oh alma mía, a tu reposo, porque Jehová te ha hecho bien.
Salmos 116:6-7

Uno de los momentos cuando busqué más a Dios y oré más, aun sin saber qué palabras usar, fue cuando enviudé. Los salmos, en especial, me fortalecieron más que nunca, ya que en muchos de ellos se clama a Dios en tiempos de desconsuelo. Algunas personas me aseguraban que yo era fuerte y saldría adelante, pero me sentía totalmente débil, así que me aferré a mi Dios, mi única fortaleza.

El salmista se sintió débil y sin fuerzas, pero cuando Dios lo salvó, se dirigió a su propia alma: «Vuelve… a tu reposo». Era como decir: «¡Tranquilízate!». ¿La razón? «Jehová te ha hecho bien». Reconoció sus propias limitaciones y levantó los ojos al único que podía ayudarlo.

¿Te sientes débil, incapaz de superar tus problemas? ¿Te agobia el pecado o la tentación? ¿No sabes enfrentar relaciones rotas o pérdidas que parecen insuperables? ¡Ánimo! El Dios fuerte espera que acudas a Él. Habla con Él y te levantará. Te salvará; te hará bien. Así es nuestro Dios.

Dios mío, dame fuerzas cuando me sienta débil.

Oremos cuando estamos débiles.

75

En Getsemaní

Padre mío, si es posible, pase de mí esta copa;
pero no sea como yo quiero, sino como tú.
Mateo 26:39

No puedo imaginar un dolor más grande que el de un par de amigos que perdieron a su bebita en una cirugía a corazón abierto. Ciertamente el pronóstico era lúgubre, pero miles de oraciones se elevaban por ellos. Sin embargo, esos miles de personas no podían estar ahí sosteniendo su mano.

Los imagino sudando gotas de sangre ante la angustia, luego los veo rogar al Padre que, de ser posible, pasara de ellos esta copa de sufrimiento, para finalmente susurrar que se hiciera la voluntad de Dios y no la suya. Y la voluntad del Padre fue llevarse a la pequeña, así como fue que su Hijo muriera en la cruz.

Sin embargo, después del viernes de crucifixión vino el domingo de resurrección y, en los corazones de estos valientes siervos de Dios, también está la esperanza de ver a su pequeña otra vez, abrazarla y gozarse con ella. Cuando oremos dentro de la más profunda angustia, hagamos nuestras las palabras de Jesús. En nuestro Getsemaní, Él nos entiende pues también estuvo allí.

Señor, que se haga Tu voluntad.

Velemos y oremos.

76

La prueba del amor

Padre santo, a los que me has dado, guárdalos en tu nombre, para que sean uno, así como nosotros.

Juan 17:11

Como existen más de cuarenta mil denominaciones cristianas en el mundo, parecería que no existe la unidad. Aunque muchas diferencias parecen separarnos, lo importante es que compartamos una fe en común en Cristo como único Salvador. El autor Lucas Leys declara: «Estar unidos no es sinónimo de ser iguales ni de estar siempre de acuerdo».

En su oración de despedida en el Aposento Alto, Jesús oró por sus discípulos, no solo por aquellos que lo acompañaban, sino también por los que creerían en el futuro (Juan 17:20). Pidió «para que todos sean uno; como tú, oh Padre, en mí, y yo en ti» (v. 21) y señaló un propósito: «para que el mundo crea que tú me enviaste».

Somos la respuesta a la oración de Jesús cuando tenemos una relación que refleja a la Trinidad que se vincula por medio del amor. Somos la respuesta a la oración de Jesús cuando nos atrevemos a crear lazos con creyentes diferentes a nosotros. Pero también partimos el corazón de Jesús cuando incluso en nuestras pequeñas comunidades hay división. Por eso, necesitamos la ayuda divina.

Padre, ayúdanos a estar unidos como hermanos.

Oremos por unidad.

77

HARINA TAMIZADA

Pero yo he rogado por ti, que tu fe no falte;
y tú, una vez vuelto, confirma a tus hermanos.
LUCAS 22:32

En el mundo de la repostería muchas veces se necesita tamizar la harina o eliminar sus grumos pasándola por un colador fino. El propósito principal del tamizado es incorporar aire a la mezcla, eliminar impurezas e integrar bien los ingredientes. En otras palabras, al tamizar se mejora el producto final.

Antes de la crucifixión, mientras los discípulos y Jesús celebraban la Pascua, el Señor les dijo que Satanás había pedido permiso para zarandear a cada uno de los discípulos. El Señor, sin embargo, no impidió las dificultades, más bien rogó para que la fe de Simón Pedro no faltara. En otras palabras, todos serían tamizados, pero no destruidos. Satanás quería quebrarlos, pero Dios tenía otro propósito: refinar la fe de sus seguidores.

En ocasiones, Dios nos librará de problemas; en otras, dejará que sigan su curso. Sin embargo, como a Simón, el Señor intercede por nosotros para que nuestra fe no falte, y esa es la mayor protección que podemos recibir.

Jesús, gracias por amarme tanto que intercedes por mí.

Podemos ser zarandeados, pero no destruidos.

78

En cadenas

Así que Pedro estaba custodiado en la cárcel; pero la iglesia hacía sin cesar oración a Dios por él.
Hechos 12:5

En 2024, Puertas Abiertas reportó que a nivel mundial más de cuatro mil cristianos estaban detenidos o presos por su fe. Un número semejante muere anualmente por seguir a Cristo. Miles más viven con todo tipo de intolerancia y persecución, especialmente en países comunistas y musulmanes.

Al apóstol Pedro lo custodiaban cuatro grupos de soldados. Aparte de esa «máxima seguridad», estaba encadenado; aun así, Dios lo liberó. «Las cadenas se le cayeron de las manos» (Hechos 12:7) y un ángel lo guio a la libertad. Se nos dice que «la iglesia hacía sin cesar oración a Dios por él».

Quizá no conocemos a muchos que han sido encarcelados por su fe. ¿Pero sabías que muchas personas creen en Jesús en su tiempo en la cárcel y crean comunidades de fe en estos centros penitenciarios? Oremos por ellos para que su fe no falte y brillen en esos lugares de tanta oscuridad.

Señor, nos acordamos de los que están en la cárcel.

Oremos por los presos.

79

Presente, pasado, futuro

... el cual nos libró, y nos libra, y en quien esperamos que aún nos librará, de tan gran muerte.

2 Corintios 1:10

En primaria aprendimos los tiempos verbales. Los tres más básicos aparecen en este versículo: libró, que es pretérito perfecto simple; libra, presente; y librará, futuro simple. Pablo había pasado unos meses terribles. Él y sus compañeros fueron oprimidos y agobiados, de modo que pensaron que no saldrían con vida. Sin embargo, Dios los rescató.

Dios los sacó de ese momento complicado. Y mientras Pablo escribía esas líneas, continuaba librándolos de la muerte. Y, además, Pablo estaba seguro de que los rescataría una vez más de ser necesario. ¿Y por qué razón Dios realizaba estos milagros? Entre otras cosas, por las oraciones de sus amigos corintios.

Cada día muchos de nuestros hermanos en todo el mundo se encuentran en peligros de toda clase. No conocemos el nombre de todos, pero seguramente sí de algunos que se arriesgan cada día para ayudar a otros. Dios contestará bondadosamente nuestras oraciones por la seguridad de otros. Así que no olvidemos orar por ellos para que Dios los guarde, así como los guardó y los guardará de todo peligro.

Señor, protege a tus siervos.

Oremos por protección para quienes sirven a Dios.

80

Oración y algo más

Entonces David rogó a Dios por el niño; y ayunó David, y entró, y pasó la noche acostado en tierra.

2 Samuel 12:16

¿Te ha pasado que alguna situación se vuelve tan abrumadora que dejas de comer? Noticias de violencia, un hijo que no regresa a la hora que dijo… Muchas cosas nos pueden aplastar y llevarnos de rodillas. Cuando el hijo recién nacido de David enfermó, él decidió postrarse, pero no para conmiserarse, sino para orar.

Acompañó su oración con ayuno, pues no comió, y se mantuvo en una postura de humildad y entrega. Los expertos nos dicen que quizá se dirigió al tabernáculo y allí oró. David no quería «convencer a Dios» de que hiciera su voluntad mediante estas acciones. Simplemente su cuerpo mostraba lo que su corazón experimentaba.

Dejemos que nuestra mente y nuestro corazón se pongan de acuerdo al orar. Cuando sintamos gratitud y alegría, que nuestro cuerpo brinque y dance. Ante el dolor y la angustia, ayunemos y postrémonos. Luego, como David, aceptemos la decisión del Señor. Su bebé murió, pero David siguió confiando en Dios.

Oh, Señor mío, ¡anhelo buscar tu presencia!

El ayuno y la oración pueden ser una combinación poderosa.

81

Ante las peores noticias

Y lloró Ezequías con gran lloro.
2 Reyes 20:3

Quizá los médicos le dieron malas noticias, pero la peor llegó de un profeta de Dios. Isaías se detuvo delante del rey y le dijo que ordenara sus asuntos porque no se recuperaría de la enfermedad. ¿Qué hizo Ezequías? Se echó a llorar amargamente, pero también oró.

Le pidió a Dios que se acordara de su fidelidad y su servicio. También le recordó al Señor que él siempre hacía lo que a Dios le agradaba. Quizá para algunos de nosotros estas palabras suenan un poco presuntuosas, pero Ezequías hablaba la verdad. No era perfecto, pero en comparación con varios reyes pasados, había hecho todo lo posible por seguir los pasos de David. Dios entonces escuchó su plegaria y lo sanó.

Sin embargo, lo importante está en lo que Ezequías aprendió: «Esta angustia ha sido buena para mí, porque me has rescatado de la muerte y has perdonado mis pecados» (Isaías 38:17, NTV). ¿Cómo vemos la enfermedad? Como Ezequías, comprendamos que los momentos difíciles nos acercan más a Dios y nos recuerdan nuestra fragilidad.

Señor, que la enfermedad me ayude a caminar
en humildad el resto de mis años.

El Señor escucha nuestros ruegos y tiene un plan.

82

Dolores del cuerpo y del alma

Jehová Dios mío, a ti clamé, y me sanaste.

Salmos 30:2

Un poco antes de un viaje, me resbalé en el hielo y me diagnosticaron un esguince de rodilla. Me colocaron un tipo de yeso que me complicó la vida, sobre todo para usar el transporte público. Mi preocupación se resumía en el vuelo que tomaría para prepararme en misiones, así que le rogué al Señor que me sanara.

Unas semanas después acudí al médico para que me quitaran el yeso. El enfermero comentó que era muy pronto, pero de todos modos cortó el yeso y cuando me revisó ¡vio que todo estaba bien! No todos aceptaron lo que para mí era un claro milagro, pero para mí todo esto reafirmaba mi deseo de participar en la obra misionera.

De la misma manera, en este salmo David da testimonio de que clamó a Dios y Él lo sanó. Para él fue suficiente saberlo y se alegró. Si hoy los dolores del cuerpo o del alma te abruman, clama al Señor. Él está dispuesto a escuchar y a sanarnos. Pongamos nuestra confianza en Él.

Padre, pongo en tus manos todos mis dolores.

Dios sana todo nuestro ser.

83

Verderamente

Sáname, oh Jehová, y seré sano;
sálvame, y seré salvo; porque tú eres mi alabanza.
Jeremías 17:14

Desde 1970 se han descubierto cuarenta nuevas infecciones como el COVID-19, el ébola y el sida. Tristemente, para muchas de estas enfermedades las medicinas apenas tratan los síntomas, pero no las curan del todo. Jeremías sabía algo que nosotros solemos olvidar: la verdadera sanidad viene de Dios.

En primer lugar, solo cuando Él sana, se sana verdaderamente. En segundo lugar, existe una enfermedad desde la época de Jeremías que él describe así: «Engañoso es el corazón más que todas las cosas, y perverso; ¿quién lo conocerá?» (Jeremías 17:9). Para esta infección, Dios es el médico perfecto porque investiga los corazones y examina las intenciones secretas. Solo si Dios nos salva seremos verdaderamente salvos.

No hay mejor medicina que la que viene del Señor: una salvación completa, total y perfecta, una sanidad que puede ser física, pero sobre todo espiritual. Y cuando vemos lo que el Señor hace en nuestra vida, podemos decir como Jeremías: «Tú eres mi alabanza». Adoremos al Eterno, alto y glorioso.

Señor, sáname y sálvame.

Oremos por la sanidad y salvación que solo vienen de Dios.

84

De forma específica

Respondiendo Jesús, le dijo: ¿Qué quieres que te haga? Y el ciego le dijo: Maestro, que recobre la vista.

Marcos 10:51

Mi amigo necesitaba un mejor empleo para cubrir los gastos de la casa y continuar estudiando. Decidió, junto con su esposa, escribir una lista detallada del tipo de trabajo que ayudaría a su situación laboral y oraron durante seis meses por cada punto en la lista. Un día, su sueño se cumplió.

Bartimeo no solo habló, sino que dio voces en la calle. Cuando el Señor se detuvo, muchos reprendieron al ciego, pero Jesús le preguntó «¿Qué quieres que te haga?». Él contestó: «Maestro, que recobre la vista». Aunque era obvia su necesidad, de todas maneras Jesús quería que la expresara.

Solemos decir que la oración es una conversación con Dios, pero ¿practicamos esta verdad? Al conversar con alguien, abrimos el corazón. No hablamos de asuntos generales, sino que añadimos detalles y llegamos al fondo del dilema. ¿Tienes una petición? Dile a Dios qué tipo de trabajo necesitas o cómo quieres que sea tu futura pareja. El Señor quiere escucharte.

Señor, enséñame a orar de forma específica para ver respuestas específicas.

A Dios le agrada que le digamos lo que necesitamos.

85

El consejo de Joni

... respecto a lo cual tres veces he rogado al Señor, que lo quite de mí.

2 Corintios 12:8

¿Por qué algunas condiciones físicas son crónicas? Una, dos, tres veces rogamos por sanidad, por un cambio en nuestras circunstancias, pero nada sucede. El dolor continúa; la enfermedad no cede. Joni Eareckson Tada, quien conoce bien el sufrimiento pues quedó cuadripléjica durante la adolescencia, ha escrito mucho sobre el dolor, y nos recuerda que el sufrimiento aumenta nuestra fe y fortalece nuestro carácter.

Dios tiene nuestros mejores intereses presentes: quiere que seamos más como Jesús. Por eso, cuando persisten las circunstancias difíciles, Joni se hace eco de las palabras del apóstol Pablo que nos recuerda que solo la gracia de Dios nos sostiene.

¿Lo más increíble? Su gracia es suficiente. Un día seremos completamente sanos y maduros. Mientras tanto, podemos rogar al Señor una, dos, tres o más veces que nos quite el aguijón, pues Dios no nos impide hacerlo. Solo estemos preparados para la posibilidad de que la respuesta divina sea: «Mi poder se perfecciona en la debilidad».

Señor, para que tu poder repose sobre mí, a veces debo sufrir. Ayúdame a gozarme en ello.

Cuando débiles, entonces fuertes.

86

ESPINAS Y ESTACAS

Bástate mi gracia; porque mi poder se perfecciona en la debilidad.
2 CORINTIOS 12:9

Pablo había visto revelaciones maravillosas y reconocía que podían volverlo orgulloso. ¿Qué sucedió? Que Dios permitió un aguijón en su cuerpo. Quizá cuando leemos estas palabras visualizamos el aguijón como el de una abeja o una avispa que, aunque duelen, son pequeños, como del tamaño de una espina.

Sin embargo, la palabra usada aquí en griego también puede describir una estaca, es decir, una herramienta grande y filosa. ¡Nada pequeña! Fuera una espina o una estaca, Satanás quería derribarlo, pero ocurrió lo opuesto. Pablo cayó, pero de rodillas. Primero, rogó que se le quitara el aguijón. Luego, comprendió que en realidad este aguijón era un regalo: uno de gracia.

Pablo dejó de enfocarse en el aguijón y comprendió que sus limitaciones daban paso al gran poder de Dios. Dejó que Cristo se encargara del asunto y vio grandes maravillas sucediendo en su vida. ¿Cuál es tu aguijón? Pide a Dios que lo remueva o que te ayude a verlo como una oportunidad para ver su poder en tu vida.

Señor, que tu fortaleza actúe en mi debilidad.

El dolor puede ser un regalo.

87

Cuando alguien enferma

¿Está alguno enfermo entre vosotros? Llame a los ancianos de la iglesia, y oren por él, ungiéndole con aceite en el nombre del Señor.

Santiago 5:14

Las consideramos pequeñas: una uña enterrada, un zumbido en el oído, una cortada en la mano, pero si no se cuidan pueden empeorar y causar más dolor y problemas. Cuando algo nos pasa, incluso pequeño, lo atendemos. Tristemente, a veces, en el cuerpo de Cristo, olvidamos que cuando un miembro sufre, el resto también.

Quizá por eso Santiago nos recuerda la importancia de comunicar nuestra enfermedad. Notemos que el enfermo es quien debe llamar a los ancianos, y quizá no se haga por motivos como alergias estacionales, sino cuando nuestra situación requiera mayor atención. Pero la invitación es a comunicar. ¿Y qué debe hacer el resto del cuerpo? Orar por el enfermo y ungirlo con aceite en el nombre del Señor.

Si hoy estás enfermo, pide oración. Si alguien te pide orar ¡hazlo! Que no sean promesas vanas sino hechos concretos de intercesión, al tiempo que ungimos, es decir, consagramos a esa persona al cuidado del Médico Divino.

Señor, te pido hoy por mis hermanos enfermos y los encomiendo a tus cuidados.

Oremos por los enfermos.

88

Dos tipos de sanidad

Y la oración de fe salvará al enfermo, y el Señor lo levantará; y si hubiere cometido pecados, le serán perdonados.

Santiago 5:15

Por medio de la ficción se nos ha retratado a María Magdalena. Sin embargo, lo único que sabemos a ciencia cierta sobre su pasado se encuentra en el Evangelio de Lucas. El médico escribe que muchas mujeres habían sido sanadas de espíritus malos y de enfermedades, y como ejemplo pone a María Magdalena, de la que habían salido siete demonios (Lucas 8:2).

Se ha descubierto que muchas enfermedades tienen su origen en factores emocionales y espirituales. ¿Sería María Magdalena uno de estos casos? ¿Sufría su salud también? Santiago, por eso, nos anima a orar con fe por salud física, y si acaso esta se debe a algo espiritual ¡Dios nos perdona y sana!

Confiemos en Dios y oremos por los enfermos, tanto del cuerpo como del alma. Recordemos que nuestro Señor ha venido a sanar todo nuestro ser. Y como las mujeres que Lucas describe, en muestra de gratitud, usemos nuestros recursos para sostener la obra salvífica de nuestro Dios.

Señor, elevo a ti mi cuerpo y mi alma para sanidad.

Dios sigue salvando tanto a enfermos como a pecadores.

89

Deseos profundos

Amado, yo deseo que tú seas prosperado en todas las cosas, y que tengas salud, así como prospera tu alma.

3 Juan 2

Juan, el apóstol, le escribió una carta muy especial a su amigo Gayo, del que poco sabemos. Sin embargo, Juan lo apreciaba profundamente, y se regocijaba al saber que Gayo y su familia caminaban con diligencia en el camino de la verdad.

Juan entonces le desea a Gayo que le vaya bien. Desea su prosperidad en todas las áreas de su vida. De hecho, reconoce que el espíritu de Gayo, es decir, su alma, es fuerte. Las convicciones de Gayo y su amor por Dios eran tan genuinos y firmes que Juan añade: «que tu cuerpo esté tan saludable como lo está tu alma» (3 Juan 2, NBV).

¿Tenemos amigos especiales y entrañables de ministerio? ¿Qué les podemos desear? Quizá muchos hoy sufren por el estrés y las cuestiones emocionales que acompañan el trabajo pastoral. Oremos por sus almas: por que estén firmes. Pidamos por almas saludables que se acompañen por cuerpos sanos.

Padre, prospera el camino de mis amigos rumbo al Hogar.

Oremos por la salud física y espiritual de nuestros amigos.

90

BÚSQUEDA CONSTANTE

Buscad a Jehová y su poder; buscad su rostro continuamente.
1 CRÓNICAS 16:11

El autor C. S. Lewis considera que se convirtió porque Dios lo buscó a él. «Me di cuenta de que estaba negándome a algo, cerrándole la puerta a algo. Podía abrir la puerta o mantenerla cerrada, deshacerme de la armadura, o conservarla. Escogí abrir, desarmarme, aflojar la rienda». ¿Cuál es tu experiencia?

En su salmo de acción de gracias, cuando David volvió el arca de Dios a Israel, el joven rey exhorta al pueblo a buscar el rostro de Jehová continuamente. ¿Cómo se busca al Señor? Al meditar en su Palabra, escuchar Su voz y hablar con Él. ¿Y por qué debemos buscarlo? Porque Él quiere que lo hagamos.

Solo recordemos que esta búsqueda tiene fecha de caducidad. En Isaías leemos: «Buscad a Jehová mientras puede ser hallado, llamadle en tanto que está cercano» (Isaías 55:6). Él nos busca y nosotros le buscamos a Él. Ahora es el momento oportuno. No lo olvidemos y hagamos caso a las palabras de David.

Dios mío, quiero buscarte de todo corazón.

Dios nos busca y a la vez quiere que lo busquemos.

91

Para el día de tribulación

Jehová te oiga en el día de conflicto;
el nombre del Dios de Jacob te defienda.
Salmos 20:1

Mientras escribo estas palabras, el esposo de mi amiga Karin lleva ya tres semanas en el hospital. Entró por una operación para remover un tejido cancerígeno, pero la herida se infectó y sus pulmones colapsaron. Desde hace quince días está sedado.

Sin embargo, sus hijas y su esposa mantienen al tanto de su progreso a amigos y familiares en casi todas las partes del mundo. Mi amiga sirve a Dios como misionera en un país lejano, pero ni la corona en su cabeza —como fiel sierva del Rey— ni la gracia en su corazón —como la maestra dedicada y compasiva que es— la han librado de la prueba.

El Rey David tampoco evitó los problemas y sus seres queridos probablemente tampoco. Pero nos enseñó a orar al Señor, que responde a nuestro llamado cuando estamos angustiados o en problemas. Así que me uno hoy a su plegaria a favor de mi amiga y los muchos más que se encuentran en aprietos. ¿Me acompañas?

Dios de Jacob, brinda tu protección a tus siervos.

Oremos por que Dios responda en el día del conflicto.

92

Mayor que el temor

Busqué a Jehová, y él me oyó, y me libró de todos mis temores.
Salmos 34:4

Si preguntamos a las personas por sus miedos, lo más probable es que mencionen las ratas, las arañas o las alturas. Sin embargo, otros datos indican que los principales temores son menos visibles: miedo a hablar en público, al fracaso, a la humillación, al rechazo y al futuro.

Podemos inferir del contexto que los temores de los que el Señor libró a David en este caso eran inducidos por enemigos humanos pues en el título se menciona a Abimelec, el rey filisteo de quien tuvo que huir. ¡Por supuesto que tenía temores! También se refiere al ángel de Jehová que «acampa alrededor de los que le temen, y los defiende» (Salmo 34:7). ¿Podemos imaginar a David en el campo sintiendo la protección de Dios contra depredadores y adversarios?

Cada persona tiene diferentes temores. Sin duda tienes algunos que son desconocidos por los demás como perder una relación, no conseguir trabajo, sufrir consecuencias graves de una enfermedad o perder tu reputación, pero Dios sí los conoce. Sean cuales sean tus preocupaciones, ¡cree que el Señor te puede librar de ellas!

Señor, creo que solo Tú me puedes librar.

Dios es mayor que tus temores.

93

Corazones rotos

Cercano está Jehová a los quebrantados de corazón; y salva a los contritos de espíritu.
Salmos 34:18

Frida Kahlo escribió: «No estoy enferma, estoy rota», y solo basta ver sus pinturas para comprender el nivel de dolor físico y emocional por el que atravesaba. Sin embargo, nosotros quizá nos sentimos igual. Alguien o algo ha herido nuestro corazón, ya sea por una traición o la violencia. Y si prestamos atención, veremos que muchos traen en la mano su corazón hecho pedazos.

La buena noticia es que Dios siempre está dispuesto a ayudarnos. El rey David probablemente lo sabía. En muchas ocasiones se encontró solo; en muchas batallas vio cómo otros lo abandonaban. Seguramente se topó en más de una ocasión con indiferencia y desprecio. ¿La diferencia entre él y Frida Kahlo? Él supo a quién acudir.

David escribió: «Claman los justos, y Jehová oye, y los libra de todas sus angustias» (Salmos 34:17). ¿En qué tipo de Dios crees? ¿En uno lejano e indiferente o en el Emmanuel del que nos habla la Biblia, «Dios con nosotros»? Si hoy sientes que no tienes ánimo ni esperanza, recuerda que Dios está cerca, a la distancia de una oración.

Señor, gracias porque estás cerca.

Dios está a la distancia de una oración.

94

A TIEMPO

Pero yo a ti oraba... al tiempo de tu buena voluntad.

Salmos 69:13

Cuando Jéssica terminó con su novio, pensó que se le acababa el mundo y clamó: «¿Por qué, Señor?». Unos años después, otro joven le rompió el corazón. Otra vez, ella dudaba de la voluntad de Dios. Mientras, inició su camino en las misiones. Un hombre de mucha fe fue perseverante y, al final, ella aceptó casarse con él, «en el tiempo de Dios».

Al principio del Salmo 69, David está desesperado: «Sálvame, oh Dios, porque las aguas han entrado hasta el alma. Estoy hundido en cieno profundo» (v. 1-2). Después nos dice que lloraba y ayunaba y que algunas personas hablaban en su contra. En medio de todo exhala un gran «pero» y dice cuál fue su secreto: «Yo a ti oraba... al tiempo de tu buena voluntad».

En muchas ocasiones, lo que pensamos que queremos no es el plan ideal de Dios. No te desesperes. Confía que en Su tiempo y a Su manera, Dios te escuchará. Cuando ores, recuerda que Dios te ama y ruégale que te responda en el mejor momento.

Padre, pongo mis deseos y mis planes en tus manos.

El tiempo de Dios es perfecto.

95

Oraciones desesperadas

Cuando mi alma desfallecía en mí, me acordé de Jehová,
y mi oración llegó hasta ti en tu santo templo.
Jonás 2:7

El peligro de morir durante una tormenta hizo que un hombre llamado Martín Lutero hiciera un voto desesperado a Santa Ana de volverse un monje. El monje se convirtió en un importante reformador. Cuando esta mujer oraba y lloraba por un hijo, prometió dárselo a Dios y dedicarlo a su servicio. ¿La mujer? Ana, madre de Samuel.

En el versículo de hoy tenemos a un hombre atrapado en el vientre de un pez. Está seguro de que la muerte lo espera. Ha sentido las olas pasar sobre él; lo rodea un abismo; cree que la única manera de salir será muerto. Entonces, clama al Señor y Dios escucha su oración. El Señor mandó que el pez vomitara a Jonás.

¿Qué concluye? «Pagaré lo que prometí» (Jonás 2:9). Quizá tú y yo también nos hemos sentido a punto de morir y hemos clamado a Dios. ¿Hicimos un voto? Haremos bien en cumplir nuestras promesas, pero no tanto por miedo u obligación, sino por gratitud al que nos rescata una y otra vez.

Señor, tuya es la salvación; te alabo.

Cumplamos lo que prometemos en oración.

96

CONSTANCIA

... gozosos en la esperanza;
sufridos en la tribulación; constantes en la oración.
ROMANOS 12:12

Muchos conocemos la fábula de Esopo en la que una liebre se burla de una tortuga por ser lenta. La tortuga reta a su compañera a una carrera para determinar quién es realmente más veloz. Al principio, la liebre avanza a gran velocidad y deja atrás a la tortuga, pero se cansa y se echa una siesta, en lo que su contrincante, con lentitud, pero con constancia, llega primero a la meta.

El apóstol Pablo dedica una buena porción de su epístola a los romanos a la práctica de la fe cristiana en la vida diaria. Entre otras cosas, les recuerda que deben ser «gozosos en la esperanza; sufridos en la tribulación; constantes en la oración». Orar con perseverancia es una importante cualidad del cristiano. De hecho, podemos observar que tiene mucho que ver con «la esperanza» y con aguantar en medio de tiempos difíciles.

Quizás pienses: «Ya oré por tal cosa y no he visto resultados», lo que te desanima. ¿Quieres salir victorioso en la carrera? Persiste, sigue confiando y orando. Los que terminan la carrera son los que no tiran la toalla.

Señor, ayúdame a orar con persistencia.

La constancia es un acto diario de confianza.

97

¡Basta!

Por nada estéis afanosos, sino sean conocidas vuestras peticiones delante de Dios en toda oración y ruego, con acción de gracias.
Filipenses 4:6

En el juego de *Basta*, el primero en escribir una serie de palabras que empiezan con una letra específica grita que todos se detengan. Luego, en algunas versiones, cuenta hasta diez, pero todos comienzan a angustiarse por no poder terminar. La ansiedad hace algo parecido: enlista las muchas cosas que pueden ir mal en determinada situación.

Entonces aparece este versículo escrito por Pablo, pero inspirado por Dios, que nos dice: «Basta. No te afanes; no te preocupes; no te inquietes». Luego nos da una alternativa: en lugar de hacer una lista de calamidades, nos propone hacer una de gratitud; en vez de ponernos ansiosos, nos invita a pedir ayuda a Dios.

La vida es más que un juego de palabras como el *Basta*, pero requiere que nuestra mente se ocupe en la labor correcta. Entrenemos a nuestros pensamientos y reprendámoslos cuando se desvíen, seguros de que, al estar alabando y hablando con Dios, la paz de Dios nos llenará por completo cuando menos nos demos cuenta.

Señor, en lugar de preocuparme, quiero orar.

Moldea tus preocupaciones en oraciones.

98

El número 911 de Dios

¿Está alguno entre vosotros afligido? Haga oración.
Santiago 5:13

Un niño dominicano de diez años habló al 911 porque su padre estaba inconsciente y sangraba por la boca. El operador le indicó al chico que solicitara la ayuda de un vecino mientras las unidades de salud iban a atenderlo. Por esa acción, el pequeño salvó la vida de su papá.

En las emergencias no damos rodeos, pero no siempre oramos o acudimos a Dios. Como creyentes, sabemos que Dios está disponible las 24 horas del día, los 365 días del año. Por eso, Santiago nos indica que, si alguno de nosotros está afligido, debemos orar. Antes de buscar otros recursos, recordemos el número 911 de Dios.

Sin embargo, no especifica las razones para orar, pues a Dios le interesan todas. Ya sea que tú o un ser querido sufra en la salud física, mental o financiera, puedes acudir a Él. Podrías también estar afligido por un pariente que está muy alejado del Señor. Aunque este mundo caído nos ofrece constantes problemas, Dios siempre está disponible y nos ofrece Su paz.

¡Oh, Señor! Tú conoces mis aflicciones. Dame Tu paz.

Puedes orar en cualquier necesidad.

99

El control remoto

… echando toda vuestra ansiedad sobre él, porque él tiene cuidado de vosotros.

1 Pedro 5:7

En mi casa a veces peleamos por tener el control remoto de la pantalla. El que tiene el control decide cuándo poner pausa o qué película ver. En el fondo, a todos nos gusta dirigir nuestras vidas y, al estilo Frank Sinatra, hacer las cosas a nuestra manera. Pero el orgullo es nuestro peor enemigo, aunque se disfrace de asertividad y autoestima.

Entonces llega la ansiedad a nuestra vida. Sus tentáculos nos enredan provocando insomnio y manías que antes no teníamos. Nuestro cuerpo experimenta dolores sin una causa exacta y nuestra mente no se tranquiliza. ¿Qué nos invita Dios a hacer? A poner todas nuestras preocupaciones en sus manos. ¿Por qué? Porque se interesa por nosotros.

Sin embargo, no podemos arrojar nuestro bulto de ansiedad sin antes humillarnos. Debemos aceptar que no tenemos el control de todo, ni lo sabemos todo, ni funciona hacerlo a nuestra manera. Solo entonces podremos depositar nuestras cargas sobre Él. En otras palabras, démosle el control remoto.

Padre, me humillo bajo tu poderosa mano y luego deposito en ella mi ansiedad.

Confiemos a Dios nuestras preocupaciones.

100

El pan necesario

No me des pobreza ni riquezas;
Mantenme del pan necesario.
Proverbios 30:8

Mi familia y yo salimos a buscar un nuevo auto. Mi hijo adolescente quería el más atractivo y lujoso. Mi hija de once años deseaba un carro para poder viajar cómoda. Yo me preocupaba por el costo de los servicios y el rendimiento del combustible. Finalmente, mi cónyuge oró: «Que este auto sea lo que necesitamos para servir a los demás».

El autor de este proverbio le pide a Dios su provisión. Reconoce que no quiere ningún extremo: «No me des pobreza ni riquezas», pero no por una filosofía minimalista, sino por motivos espirituales. Teme que, si se hace rico, su corazón niegue a Dios y piense que todo lo recibió por sus esfuerzos. Por otro lado, no quiere ser demasiado pobre, pues eso lo llevaría a robar y deshonrar el nombre de su Dios.

El sabio escritor conocía bien su corazón. ¿Y nosotros? ¿Cuál es el pan necesario de este día? Al orar desnudemos nuestra alma y reconozcamos que no necesitamos lo más lujoso, sino aquello que Dios disponga para nosotros, de modo que nuestro corazón se mantenga espiritualmente saludable.

Te pido, Padre, lo suficiente para satisfacer mis necesidades.

Pidamos por la porción necesaria.

101

Veintiún días

Y antes que clamen, responderé yo;
mientras aún hablan, yo habré oído.
Isaías 65:24

Seguramente has tenido días cuando crees que Dios no escucha tus oraciones. Probablemente ha pasado por tu mente que no estás haciendo algo bien y por eso el Señor no contesta. ¿Has titubeado y pensado que la oración, a final de cuentas, quizá no sirve? Todos hemos pasado por ahí en los momentos complicados.

El profeta Daniel también lo experimentó. Llevaba de luto tres semanas; no había comido nada. ¿Por qué Dios no respondía? Entonces un ángel se presentó y le dijo algo que, me parece, no era solo para los oídos de Daniel, sino para los de todos nosotros. En pocas palabras, Dios escuchó su oración desde el primer día y respondió al enviar un ángel. ¿El problema? Durante veintiún días el ángel tuvo que pelear con poderes celestiales que le impedían el paso.

Unos años antes de que Daniel viviera esta experiencia, Isaías escribió: «Antes que clamen, responderé yo; mientras aún hablan, yo habré oído». Confiemos en esta promesa aun cuando los días pasen y no escuchemos respuesta.

Dios de Israel, gracias porque siempre escuchas mi oración.

Dios oye siempre la oración.

102

Los ojos del corazón

... para que el Dios de nuestro Señor Jesucristo...
os dé espíritu de sabiduría y de revelación en el conocimiento
de él, alumbrando los ojos de vuestro entendimiento.
Efesios 1:17-18

Los ojos sirven para percibir la luz y ver el mundo que nos rodea; nos indican tamaño, forma, color y textura de un objeto, y cuán lejos o cerca está. Sin embargo, hay cosas que el ser humano logra «ver» solo con los ojos del corazón. Por medio de esa realidad espiritual comprendemos las verdades de Dios o conectamos con los sentimientos de otros.

En Efesios, Pablo hace una oración por iluminación. Pide que los ojos del corazón de los efesios sean iluminados, es decir, que reciban la suficiente luz para saber qué cosas le agradan a Dios y de ese modo puedan actuar conforme a ello. ¿Cuándo fue la última vez que pedimos por algo así?

Oremos por que en nuestro diario vivir y el de los demás los ojos del corazón no se cieguen, ni se enfermen, que no se cansen ni se distraigan, que no desarrollen cataratas o callosidades, sino que la Luz del Señor penetre y nos permita ver «la esperanza a la que él nos ha llamado» (Efesios 1:18).

Padre, hazme entender y hacer tu voluntad.

Oremos por iluminación.

103

Tres deseos

… para que andéis como es digno del Señor, agradándole en todo, llevando fruto en toda buena obra, y creciendo en el conocimiento de Dios.

Colosenses 1:10

¿Qué le deseas a tus amigos en su cumpleaños? ¿O en Navidad y Año Nuevo? Las frases típicas son salud, dinero y amor. Sin embargo, Pablo, al escribir a la iglesia en Colosas, nos ofrece tres deseos, o más bien ruegos, que podemos hacer por los demás.

Primero, pide que los colosenses hagan lo que a Dios le agrada. ¡Qué hermosa oración por nuestros hijos! Como canta Santiago Benavides: «Que te amen, Señor… que su gran ambición seas Tú». En segundo lugar, pide que den fruto en toda buena obra. Cuando plantamos una semilla es con el propósito de que crezca y se multiplique, y podemos interceder para que otros tengan una vida fructífera.

Finalmente suplica que sus amigos crezcan en el conocimiento de Dios. Cuando tienes un bebé anhelas verlo madurar y convertirse en adulto. Del mismo modo, oremos por que nuestros amados sepan cada vez más de Dios y ¡nunca cesemos de orar por ellos!

Señor, que mis hermanos te hagan sonreír, fructifiquen y te conozcan mejor.

Oremos por el crecimiento espiritual de otros.

104

Contacto presencial

... orando de noche y de día con gran insistencia, para que veamos vuestro rostro, y completemos lo que falte a vuestra fe.

1 Tesalonicenses 3:10

¿Por qué viajas? Las personas se trasladan por trabajo, educación, entretenimiento, cultura y familia. De hecho, el apóstol Pablo pudo haber sido viajero frecuente para las aerolíneas de su tiempo. Sin embargo, no iba para tomarse fotos o para presumir que había estado en el Coliseo o el templo de Afrodita; a él lo impulsaba otro motivo: las personas.

¿Y para qué quería estar con otros? Seguramente para escuchar sus noticias, compartir anécdotas y, sobre todo, completar su fe. Ya que no había estado tanto tiempo con los tesalonicenses como hubiera querido, sabía que todavía faltaba instruirlos en ciertas áreas y que, entre más supieran de las Escrituras, más amarían a Jesús.

¿Qué te motiva a visitar a otros, sea en la misma ciudad u otros países? Que nos mueva el mismo sentir de Pablo y que cada vez que conversemos con otros alrededor de la mesa podamos completar su fe, es decir, ayudarles a conocer más a Dios y así fortalecer su confianza en Él.

Señor, pongo en tus manos mis tiempos con la familia de la fe.

No hay nada mejor que el contacto cara a cara.

105

En otras fronteras

Mas el mismo Dios y Padre nuestro, y nuestro Señor Jesucristo, dirija nuestro camino a vosotros.

1 Tesalonicenses 3:11

Después de la pandemia, mi familia y yo planificamos un viaje muy especial para ver a los hermanos en la fe que no habíamos visto en dos años. Nos sentíamos muy emocionados, pero también temerosos. Todavía había rumores de contagios, cancelación de vuelos y restricciones. Así que derramamos nuestra alma delante de Dios y Él escuchó y pudimos ir sin contratiempos.

Pablo también oraba día y noche por sus amigos en Tesalónica, y él y sus compañeros le pedían a Dios que les permitiera volver a verlos. Querían instruirlos más en la Palabra y así completar lo que faltaba en su fe. ¿Se cumplió su deseo? Todo parece indicar que sí.

¿Has sentido el vivo deseo de conocer a tus hermanos en la fe en otras ciudades o países? Si aún no has visitado otros lugares, pide a Dios que te lleve a la Tesalónica que te espera. Y si hace mucho que no ves a tus amados hermanos, ruega al Padre que te permita volverles a abrazar.

Señor Jesús, quiero visitar a mis hermanos.

Ansiemos conocer a la iglesia global.

106

Más amor

Y el Señor os haga crecer y abundar en amor unos para con otros y para con todos, como también lo hacemos nosotros para con vosotros.

1 Tesalonicenses 3:12

«Te amo hasta la luna». «Te amo hasta que se sequen los mares». «Te amo más que a la vida». «Estoy loco de amor». «Me moriría sin ti». Durante siglos, poetas y enamorados han usado frases exageradas para expresar el exceso de afecto que sienten por otro. Muchas frases suenan románticas y otras demasiado cursis.

En el inicio de 1 Tesalonicenses, Pablo escribió «de la obra de vuestra fe, del trabajo de vuestro amor y de vuestra constancia en la esperanza en nuestro Señor Jesucristo» (1:3). Veía que los creyentes estaban practicando los tres frutos del Espíritu en su vida diaria y que estaban impactando a su alrededor, pero aun así pedía por más amor.

Nunca llegaremos a amar tanto como Cristo, nuestra meta. Así que no estará de más pedir porque nosotros y los demás crezcamos y abundemos en amor para Dios y para los demás. Y aunque suene repetitivo, jamás será exagerado o cursi.

Jesús, ¡anhelo amar más y más como Tú!

El amor verdadero no tiene límites.

107

A LA ALTURA DEL LLAMADO

Por lo cual asimismo oramos siempre por vosotros, para que nuestro Dios os tenga por dignos de su llamamiento, y cumpla todo propósito de bondad y toda obra de fe con su poder.

2 Tesalonicenses 1:11

Unos amigos nuestros trabajan en Europa del Este con minusválidos y personas con discapacidad. Otros testifican a personas en las altas esferas en un país musulmán. Nuestros líderes son una familia de acogimiento y motivan a otros para abrir sus puertas a niños sin familia. ¿Y qué de nuestra querida amiga que aprende un idioma en un país cerrado?

Cuando no sé qué pedir por ellos me inspiro en esta oración de Pablo: que Dios los ayude para que vivan a la altura de su llamado. ¿Y cómo hacerlo en medio de tantos obstáculos y oposición? Necesitan el poder divino para llevar a cabo todas esas cosas buenas y maravillosas que su fe en Jesús los mueve a hacer.

Que nuestra oración por muchos de nuestros hermanos en Cristo sea que completen su misión y que sus intenciones se alineen con las del Padre. ¿Oramos por ellos? ¿Oramos por nosotros? Que seamos merecedores de la confianza de Dios al elegirnos.

Señor Jesucristo, que tu gracia rodee a mis amigos.

Oremos por otros ministerios.

108

Felicidades, mamá

... para que el nombre de nuestro Señor Jesucristo sea glorificado en vosotros, y vosotros en él, por la gracia de nuestro Dios y del Señor Jesucristo.

2 Tesalonicenses 1:12

No tuve la oportunidad de conocer a la mamá de cierta familia hasta unos días después de recibir las atenciones de sus hijos. Observé la bondad, el espíritu servicial y la armonía entre ese grupo de hermanos, lo que me hizo respetar a sus padres. Unos hijos así eran el fruto de una educación intencional y amorosa.

Así que cuando conocí a la madre no pude más que felicitarla y observé sus ojos brillar de alegría y emoción. Quizá algo parecido pasa cuando otros alaban, bendicen o felicitan al Señor por la vida que llevamos sus hijos. ¿No sería hermoso observar esos momentos íntimos cuando al Padre le complacen nuestras acciones?

Solo recordemos que todo esto es posible por la gracia de Jesucristo. Su sacrificio no solo nos salva del pecado, sino que nos hace aptos para vivir de acuerdo con el llamado que hemos recibido. Como dice un antiguo himno: «Inefable es la divina gracia, es inmensurable cual el mar. Fuente preciosa para el pecador».

Señor, quiero que te sientas orgulloso de mí.

Oremos por que nuestros actos honren a Dios.

109

DE RODILLAS

Bendito sea Jehová para siempre. Amén, y amén.
SALMOS 89:52

No sabemos mucho de Etán ezraíta salvo que compuso el salmo 89. En él, enfatiza la fidelidad de Dios con la casa de David, por lo que quizá sirvió durante el reino del rey-pastor o su hijo Salomón. Luego honra el carácter y el poder de Dios, para finalmente lamentar la derrota del rey y pedir a Dios que recuerde su pacto.

Entonces ahí, doblado por el dolor, alaba el nombre de Dios en el último versículo antes de decir amén. Y para la palabra «bendito» usa el término hebreo *baruch*. Este vocablo describe la postura de Daniel cuando se arrodillaba tres veces al día para orar con la ventana abierta, o la de Elías cuando rogó que lloviera, o la de Moisés cuando se dobló ante la zarza ardiente, pues en su raíz está la idea de una rodilla doblada.

Cuando sentimos el poder abrumador de la majestad de Dios, cuando reconocemos lo pequeños que somos y lo magnífico que Él es, podemos decirle: «Bendito». Y no hay mejor lugar para hacer esto que cuando oramos, ni mejor posición que postrados, ni un mejor momento que después de una derrota.

Te alabo para siempre, Señor.

Oremos postrados ante su grandeza.

110

ALABANZA EN MEDIO DE LA VIDA DIARIA

Tuya es, oh Jehová, la magnificencia y el poder, la gloria, la victoria y el honor… Tuyo, oh Jehová, es el reino, y tú eres excelso sobre todos.

1 CRÓNICAS 29:11

Una descripción de la alabanza es «la forma de oración más desinteresada que reconoce directamente la supremacía de Dios». La palabra en español se deriva de una palabra latina que significa «valorar o apreciar». Sin embargo, solemos asociar la alabanza a una actividad restringida al templo o un lugar religioso.

En 1 Crónicas, la alabanza se da en medio de un gran evento, un tipo de recolección de metales y piedras preciosas para la construcción del futuro templo. El pueblo responde de forma apabullante a la invitación de David a cooperar, y él prorrumpe con un gran salmo exaltando a Jehová.

Se alaba a Dios en medio de la vida diaria. Podemos alabarlo al pasear en un parque o en un hospital. Se puede alabar en la escuela o en el trabajo, en casa o incluso en una tienda. Alabar es reconocer y apreciar quién es Dios, así que no debe limitarse a lugares ni horarios.

Señor, ¡eres grande y te exalto!

Exaltar a Dios debe formar parte de nuestras oraciones.

111

Misión imposible

Tuya es la alabanza en Sion, oh Dios…
Tú oyes la oración…
Salmos 65:1-2

¿Has tratado de comunicarte con una oficina de gobierno o un banco? «Marque después del tono. Espere en la línea». Escuchas música de fondo hasta que te hartas. ¿Cuánto más costaría que alguien como nosotros, sin muchas credenciales, pudiera hablar con el presidente de tal o cual nación? Misión imposible.

Sin embargo, para ser atendidos por el Rey del universo no necesitamos cierta educación o permisos; nadie preguntará nuestros antecedentes familiares ni penales. Dios nos oye porque Él es bueno y no discrimina. ¿Recuerdas la historia de Elías? Baal no contestó a sus profetas, aunque ellos danzaron y gritaron, pero el Dios de Elías respondió con magnificencia.

Por esa simple razón, merece nuestra alabanza y adoración, pues ninguna mente humana —de esas que crearon los mitos y religiones de sus pueblos— pudo concebir en su mitología que los dioses atendieran a las plegarias por amor; siempre existía una condición o un ritual previo, y ni aun así se podía asegurar una respuesta. ¡Qué gran bendición es saber que nuestro Dios sí escucha!

Señor Todopoderoso, no hay nadie como Tú.

Alabamos a Dios porque escucha nuestra oración.

112

Pedir misericordia

Bendito sea Dios, que no echó de sí mi oración, ni de mí su misericordia.
Salmos 66:20

Una madre solicitó a Napoleón el perdón de su hijo después de que cometió un segundo delito. El emperador dijo que la justicia exigía su ejecución. «No pido justicia», dijo la madre, «sino misericordia». Napoleón sostuvo que no merecía ninguna misericordia. «Su excelencia», prosiguió la madre, «si la mereciera, no sería misericordia».

Aquí el salmista bendice a Dios, «que no echó de sí mi oración, ni de mí su misericordia». Otra traducción usa la palabra «amor inagotable». No sabemos las circunstancias, pero el salmista menciona que entró al templo con holocaustos y en su angustia prometió cumplir sus promesas. Menciona también que Dios lo había refinado como la plata y había pasado por el fuego. Seguramente se encontraba destrozado y necesitaba de Dios.

Como esa madre, quizá reconocemos que necesitamos misericordia precisamente porque no merecemos el amor de Dios. Pero debemos aceptar lo que Dios dice en su Palabra. Él escucha, perdona y es misericordioso, y lo hace por pura gracia. Por esa simple razón, merece ser alabado y bendecido.

Padre mío, te bendigo por tu gran misericordia.

Alabemos a Dios por su misericordia.

113

COMPARATIVOS

Oh Señor, ninguno hay como tú entre los dioses,
ni obras que igualen tus obras.
SALMOS 86:8

En nuestro idioma existen tres tipos de comparativos. Tenemos el comparativo de igualdad que se construye con las palabras «tan» y «como». Por ejemplo: «Juan es tan alto como Sofía». El segundo tipo es el comparativo de inferioridad en el que resalta la palabra «menos». Por ejemplo: «Tengo menos seguidores en las redes que tú».

Sin embargo, cuando hablamos de Dios, el comparativo que mejor aplica es el de superioridad, pues Dios es más grande, más misericordioso y más poderoso que cualquier cosa que podamos imaginar, y el salmista lo sabía bien. Él comprendía que todas las mitologías ofrecían dioses inferiores, pues ninguno podía hacer lo que el Dios verdadero.

Esta razón es suficiente para alabar a Dios cuando oramos. ¿Cuándo fue la última vez que le dijimos lo maravilloso, increíble y supremo que es? ¿Podemos exclamar como el salmista que nadie hace lo que Él, desde crear un mundo tan complejo hasta salvar a pecadores como nosotros? Tomemos tiempo al orar para usar comparativos de superioridad.

Dios de Abraham, Isaac y Jacob, no hay otro como Tú.

Digamos a Dios cuán grande es.

114

Un cielo estrellado

Alabad a Dios en su santuario;
Alabadle en la magnificencia de su firmamento.
Salmos 150:1

Solo nuestra galaxia, la Vía Láctea, contiene unos cien mil millones de estrellas. Los dos trillones de galaxias tienen un número semejante cada una. Atrévete a calcular el número total aproximado, ¡y eso es solo en el universo observable!

¿Sabías que cada una de las cinco divisiones del libro de los Salmos se cierra con una doxología? Esta en particular cierra todo el libro de los Salmos y consiste totalmente en alabanza. El santuario era conocido como el lugar en la tierra donde se encontraba más la presencia de Jehová. Pero también se nos exhorta a alabarle «en la magnificencia de su firmamento».

Esa impresionante extensión, aparentemente sin límite, nos asombra con su multitud de estrellas y otras poderosas expresiones del poder de Dios. Tal vez, como yo, alguna vez pudiste apreciar un cielo despejado lejos de las ciudades, un espectáculo sin igual. En esos momentos, como dice la canción, «¿Cómo no creer en Dios?». ¡Alabémosle en su santuario y por su gran creación!

Padre grandioso, elevo mi voz para bendecirte por tu grandeza.

La creación nos revela la mano de su Creador.

115

En la plataforma

Bendito el Señor Dios de Israel, que ha visitado y redimido a su pueblo.
Lucas 1:68

¿Qué habría hecho Zacarías, el padre de Juan el bautista, si hubiera vivido en el siglo XXI y hubiera tenido un teléfono inteligente? ¿Habría subido una historia sobre el nacimiento de su hijo? ¿Habría detenido el mensaje del ángel para tomar una *selfie*? Aunque estamos exagerando la escena, podemos identificar una cosa: las redes ofrecen un peligro único en la historia.

Durante más de veinte siglos no hubo oportunidad de anunciar de manera inmediata a cientos y miles de personas del otro lado del mundo nuestro estado de humor o el menú del día. No seguíamos la vida de ricos y famosos, amigos y familiares con tal periodicidad. Pero aprendemos de Zacarías que, después de muchos meses de silencio, cuando finalmente tuvo la oportunidad de hablar frente a otros, no dio un discurso ni ofreció su opinión ni se excusó con explicaciones.

Sencillamente habló con Dios. Bendijo al Señor que salva y nos dejó sus palabras para consolarnos y desafiarnos. Cuando tengamos la plataforma, sea física o en redes, consideremos bien nuestras palabras. ¿No sería mejor convertir nuestros discursos en oraciones?

Bendito seas, Señor, porque nos viniste a salvar.

Cambiemos el discurso en oración.

116

El consuelo de Dios

Bendito sea el Dios y Padre de nuestro Señor Jesucristo, Padre de misericordias y Dios de toda consolación.

2 Corintios 1:3

¿Cómo confortas a un bebé inquieto? Lo tomas en los brazos, le das palmaditas en la espalda y canturreas una melodía suave. ¿Cómo consuelas a un amigo ante una gran pérdida? Lo abrazas, le tomas la mano, lo escuchas. En muchos casos, las palabras salen sobrando.

Pablo bendice al «Padre de misericordias y Dios de toda consolación, el cual nos consuela en todas nuestras tribulaciones» (2 Corintios 1:3-4). Alienta a los cristianos a usar sus propias experiencias difíciles para consolar a otros. También describe algunas de sus propias grandes pruebas, especialmente cuando perdió «la esperanza de conservar la vida» (v. 8), como cuando fue apedreado en Listra. Aunque la Palabra de Dios sin duda fue un gran apoyo, lo más seguro fue que sintió la presencia de Dios, lo que le dio ánimo.

¿Cómo te ha consolado Dios ante una situación económica, física, familiar o de duelo? Alábalo por darte fuerzas en esos momentos y pregunta cómo quiere usar tu experiencia para ministrar a otra persona que está sufriendo.

Gracias, Señor, por ser mi Consolador.

Dios usa nuestras palabras y nuestra presencia.

117

La bóveda del tesoro

Bendito sea el Dios y Padre de nuestro Señor Jesucristo, que nos bendijo con toda bendición espiritual.

Efesios 1:3

Una de mis tías guardaba pequeños detalles porque, en su opinión, podrían servir de algo. Cuando murió y tuvimos que disponer de sus cosas, nos dimos cuenta de que casi todo era basura. Lo que ella consideraba valioso en realidad no lo era. ¿Será que lo mismo nos sucede con casi todo lo que atesoramos?

Quizá hemos acumulado recuerdos de cosas que hoy nos avergüenzan, o hemos gastado nuestro dinero en baratijas que no han traído crecimiento o superación. Si el Señor Jesús viniera el día de hoy a revisar todo lo que hemos guardado en nuestro corazón durante nuestra vida, ¿qué encontraría? ¿Vería nuestras preciadas posesiones como yo vi las de mi tía: inservibles y poco relevantes?

Él, por su parte, nos bendice con toda bendición espiritual. Ha puesto a nuestra disposición una bóveda de tesoros más grandes que la de Ali Babá, y solo necesitamos entrar y disfrutarlas. Cuando oremos, entremos al salón del tesoro y pidamos a Dios que nos muestre lo que realmente importa.

Hermoso Salvador, enséñame a ver lo que realmente vale.

Pidamos en oración poner en orden nuestras prioridades.

118

Una calceta roja

Bendito el Dios… que según su grande misericordia nos hizo renacer para una esperanza viva, por la resurrección de Jesucristo de los muertos.

1 Pedro 1:3

Un sudamericano despertó a las cinco de la mañana y Dios le indicó que fuera a cierto parque y usara una calceta negra y otra roja. Llegó al lugar, se sentó en una banca y de repente chillaron las llantas de un carro. El chofer pensaba suicidarse, pero primero le había dicho a Dios que, si Él existía, permitiera que encontrara a un hombre con una calceta negra y una roja.

El aspirante a suicida llegó a «renacer para una esperanza viva» ese día. Pedro equipara esta experiencia con «la resurrección de Jesucristo de los muertos». Él mismo había experimentado este gran cambio y, con ese nuevo poder en su vida, llegó a ser «la roca», como lo nombró Jesús.

La mayoría no tenemos una historia tan impactante de conversión, pero aun así somos una nueva creación. Cuando tenemos días en que nos cueste encontrar motivos para dar gracias, bendigamos a Dios porque hemos renacido, y podemos añadir a la lista nuestros amigos y familiares que también forman parte de la familia de Dios.

Señor, te alabo por hacerme nacer de nuevo.

Cada conversión es un milagro.

119

PALABRAS FINALES

... al único y sabio Dios, nuestro Salvador, sea gloria y majestad, imperio y potencia, ahora y por todos los siglos. Amén.

JUDAS 25

Existen muchas maneras en las que Judas pudo haber terminado su epístola. Como Juan, pudo elegir una advertencia. Pudo imitar a Pablo en desear a sus lectores gozo y paz. Sin embargo, eligió terminar con una pausa, un momento de solemnidad y una profunda oración.

Nos pide darle la gloria y la majestad al único Dios, al sabio Dios, ¿por qué? Otra vez, de las muchas razones que pudo elegir, cuidadosamente seleccionó dos: solo Él puede salvarnos de caer, y solo Él nos puede presentar sin mancha en su presencia. ¿No es esto maravilloso? En medio de nuestras luchas diarias podemos concluir que Dios se encargará del final de nuestra historia.

El compromiso de Dios es, en pocas palabras, hacer todo lo posible para que tengamos éxito. Él es el más interesado en vernos llegar a su presencia alegres e intachables. Por eso, nos podemos unir a Judas y gritar a los cuatro vientos que toda la gloria, la majestad, el poder y la autoridad le pertenecen a Él por siempre y para siempre.

Mi Dios y mi Salvador, a Ti sea la gloria.

Alabemos a Dios en oración por sus promesas.

120

CANTOS Y DECIBELES

Y oí como la voz de una gran multitud, como el estruendo de muchas aguas, y como la voz de grandes truenos, que decía: ¡Aleluya, porque el Señor nuestro Dios Todopoderoso reina!

APOCALIPSIS 19:6

¿Alguna vez has tenido que taparte los oídos por lo fuerte de un sonido? El chillido penetrante de una sirena, la explosión de unos cohetes o la bulla de un concierto de rock pueden abrumar tus sentidos. Aun las tremendas cataratas del Iguazú pueden hacer que sea imposible escuchar cualquier otro sonido.

El coro que Juan vio en Apocalipsis sonará como el estruendo de muchas aguas y grandes truenos. Pero en vez de taparnos los oídos, sin duda querremos unirnos a la «gran multitud» y clamar aleluya ante «las bodas del Cordero» (v. 7). Entonces nos gozaremos y nos alegraremos porque la iglesia estará para siempre con su Señor.

Cuando formé parte de un enorme coro, llegué a llorar de emoción ante la majestuosidad de las muchas voces. Fue una probadita del cielo. ¿Cómo será aquel día cuando millones de nosotros alabemos juntos a Dios y nuestro canto sea tan fuerte como unas cataratas o una tormenta?

Grandioso Señor, ¡te bendigo y te exalto!

Alabar a Dios nos prepara para el cielo.